Anja Schneider

GUGELHUPF GLÜCK

Das Comeback des Klassikers – jetzt noch gugeliger

INHALTSVERZEICHNIS

SOMMERFRÜCHTE

Verwöhne deine Liebsten je nach Saison mit einem passenden, fruchtigen Gugelhupf. Hier findest du eine bunte Auswahl an frühlingshaften und sommerlichen Rezepten, die du unbedingt ausprobieren solltest.

SCHÖN SCHOKOLADIG

Schokoholics aufgepasst! Du kannst zu Schokolade einfach nicht Nein sagen? Ganz zu schweigen von Schokokuchen? Dann wirst du dieses Kapitel lieben, denn hier dreht sich alles um die Kakaobohne, die glücklich macht.

(GE)NUSS

„Eine harte Nuss knacken" bedeutet ja eigentlich, eine schwere Aufgabe vor sich zu haben. Aber keine Angst: Die Rezepte in diesem Kapitel werden dir ganz einfach von der Hand gehen. Saftig, aromatisch - einfach zum Genießen.

HO HO HO!

Du bist ein Fan von Zimt, Kardamom und Co.? Dann wartet hier ein ganz besonderes Kapitel mit fünf weihnachtlichen Rezepten auf dich. Denn Lebkuchen, Zimtsterne und Bratapfel gibt's jetzt auch als Gugelhupf.

Keine Zeit zum Stöbern? Du weißt schon, was du backen möchtest? Dann spring schnell zum Stichwortverzeichnis, um die richtige Seite für dein Lieblingsgebäck nachzuschlagen.

VORWORT

Hallo! Ich bin Anja und Backen ist meine Leidenschaft. Was ich daran liebe? Mir zum Einkaufen der Zutaten Zeit nehmen. Mich zum Backen und Verzieren in die Küche stellen. Am Ende das Ergebnis meiner Arbeit sehen, schmecken und – was für mich das Schönste ist – mit anderen teilen. Schon in meiner Jugend habe ich es geliebt, Familie und Freunden mit meinen Kreationen eine Freude zu machen, denn ich bin der Meinung, dass ein frisch gebackener Kuchen jedem ein Lächeln ins Gesicht zaubern kann.

Vor einiger Zeit habe ich meine Liebe zum Gugelhupf entdeckt. Die charakteristische Form dieses Klassikers mit dem Loch in der Mitte ist in den letzten Jahrzehnten zwischen all den Cupcakes, Torten und Macarons etwas in den Hintergrund geraten – völlig zu Unrecht! Denn auch mit wenig Vorkenntnissen und geringem Zeitaufwand lassen sich Kuchen backen, die das „gewisse Etwas" haben.

Mit diesem Buch möchte ich dir meine Liebe zum Backen und insbesondere zum Gugelhupf weitergeben. Spannende Zutaten-Kombinationen und verspielte Dekorationsmöglichkeiten rücken die außergewöhnliche Kuchenform in ein anderes Licht. Probiere Neues und entdecke Rezepte, die du vielleicht schon länger nicht mehr zubereitet hast. Viel Spaß beim Nachbacken & natürlich beim Naschen.

Anja

EIN KUCHEN MIT GESCHICHTE

NAMENSGEBUNG

Hast du dich schon mal gefragt, wo der Gugelhupf eigentlich herkommt? So ganz klar ist das gar nicht: Sein Ursprung liegt wohl in der Römerzeit, denn bei Ausgrabungen wurden rund zweitausend Jahre alte Gugelhupf-Formen gefunden. Erste Gugelhupf-Rezepte lassen sich hingegen im 17. Jahrhundert nachweisen.

Und auch die Herkunft der Bezeichnung „Gugelhupf" ist nicht abschließend geklärt. Oft wird der Name auf den mittelalterlichen Begriff „Gugel" zurückgeführt, der eine kapuzenartige Kopfbedeckung bezeichnete. Aber auch das Wort „Kugel" könnte der Ursprung für die Namensgebung der runden Kuchenform sein. Der zweite Wortteil „hupf" hingegen ist vermutlich eine Ableitung vom Wort „hopf" (Hefe), denn ein klassischer Gugelhupf bestand früher aus Hefeteig mit Rosinen. Andererseits könnte sich die Bezeichnung auch davon ableiten, dass der Kuchen beim Stürzen sozusagen aus der Form „hüpft". Oder stammt der Begriff vielleicht doch vom Wort „Schopf" ab, was wiederum zur Kapuzentheorie passen würde?

Na, schon verwirrt? Jetzt wird es noch komplizierter, denn der Gugelhupf hat noch weitere Namen! Vielerorts kennt man ihn als Napfkuchen oder Topfkuchen. Und auch Bundkuchen, Bäbe, Schatt, Aschkuchen und Rodonkuchen bezeichnen die klassische Kranzform mit dem Loch in der Mitte.

Außerdem ist der Gugelhupf schon lange nicht mehr nur ein Hefeteig mit Rosinen. Anstatt auf die Art des Teiges bezieht sich die Bezeichnung inzwischen einfach auf die charakteristische Form. Auch Kreationen aus Rühr- oder Biskuitmasse, in Kombination mit Schokolade, Nüssen, Obst und weiteren Zutaten, klassisch oder ausgefallen, werden heutzutage als Gugelhupf bezeichnet (sonst wäre ein ganzes Buch darüber wohl ziemlich eintönig).

FORM

Die verschiedenen Namen für diese Kuchenart lassen es bereits erahnen: Auch bei der Deutung der klassischen Form mit den geschwungenen Bögen herrscht Uneinigkeit. Möglicherweise soll sie eine Kapuze oder einen Turban darstellen, vielleicht aber auch einen geflochtenen Kranz oder sogar eine rotierende Sonne.

Klar ist, dass eine Gugelhupf-Form immer ein kaminartiges Rohr in der Mitte hat. Dieses Loch sorgt dafür, dass der Kuchen gleichmäßig durchbackt. Es verhindert, dass das Gebäck am Rand verbrennt und innen noch nicht durch ist. Durch die geschwungenen Rillen entstehen außerdem zugleich Rippen, anhand derer sich der Kuchen beim Schneiden gut portionieren lässt.

In diesem Buch habe ich neben dem Klassiker auch auf moderne Gugelhupf-Formen zurückgegriffen. Heutzutage gibt es sie als Kronen, Blumen und Kränze. Manche sehen aus wie Turbinen, andere wie ein Tannenwald und wieder andere haben ein geometrisches Muster. Alle folgenden Rezepte kannst du aber natürlich mit ein und derselben Gugelhupf-Form backen. Entscheidend ist dabei weniger der Durchmesser als vielmehr das Fassungsvermögen. Die Rezepte sind für Formen mit einem Volumen von 2 Litern ausgelegt, was meist einem Durchmesser von rund 25 cm entspricht.

Eine Alternative zu Gugelhupf-Formen sind Springformen mit Rohrboden. Sie haben den Vorteil, dass sich der Kuchen durch ein angebrachtes Scharnier leichter aus der Form lösen lässt. Dafür fassen sie weniger Masse, da sie niedriger sind. Zudem haben sie einen flachen Rand und nicht das Muster, das für einen Gugelhupf kennzeichnend ist.

Abhängig von der Größe der Backform kann übrigens auch die Backzeit variieren. Diese wird außerdem beeinflusst vom Material der Form, der Teigart und dem Backofen. Es empfiehlt sich daher, gegen Ende der angegebenen Backzeit immer eine Stäbchenprobe zu machen.

MATERIAL

METALL

Mein Lieblingsmaterial für Gugelhupf-Formen ist Metall. Insbesondere Formen aus Edelstahl oder Aluminiumguss mit Antihaftbeschichtung haben es mir angetan. Sie zeichnen sich durch eine besonders gute Wärmeaufnahme und Wärmeleitfähigkeit aus, wodurch die Backzeit kürzer ist und die Kuchen gleichmäßig durchbacken.

Formen aus Aluminium gibt es in ganz verschiedenen und detailreichen Ausführungen. Sie fühlen sich wertig an, sind robust und zudem säurebeständig, weshalb sie sich auch gut für Obstkuchen eignen. Der Nachteil ist, dass du sie mit der Hand reinigen solltest, was besonders bei filigranen Mustern zur Sisyphusarbeit werden kann. Außerdem musst du sie – antihaftbeschichtet oder nicht – vor der Verwendung immer gut mit Fett und Mehl vorbereiten.

Metallformen gibt es auch aus Kupfer und Weißblech, wobei vor allem letztere zwar oft eine günstige Alternative darstellen, dafür aber weder stoßfest noch säurebeständig sind und zudem leichter zerkratzen und rosten.

Kuchen in Metallformen werden in der Regel (sofern im Rezept nicht anders beschrieben) rund zehn Minuten nach dem Backen gestürzt.

SILIKON

Eine gute Alternative sind Gugelhupf-Formen aus Silikon. Diese musst du vor ihrer Verwendung nicht einfetten und bemehlen, sondern nur kurz mit kaltem Wasser abspülen. Nach dem Backen muss der Gugelhupf dafür im Gegensatz zu den Metallformen vollständig auskühlen, damit sich die Antihaftwirkung des Silikons perfekt entfalten kann. Es kann daher von Vorteil sein, den Kuchen schon am Vortag zu backen. Das komplett abgekühlte Gebäck kannst du – wenn es sich nach dem Stürzen nicht von alleine löst –einfach vorsichtig aus der Form herausdrücken. Und: Die Formen sind spülmaschinenfest! Das bedeutet, lästiges Handabspülen entfällt hier. Ein weiterer Vorteil ist, dass du mit Silikonformen eine einzigartig glatte Glasur zaubern kannst.

Nachteilig ist bei diesem Material die schlechte Wärmeleitung. Gib Kuchen in Silikonformen lieber ein paar Minuten mehr im Ofen und mach auf jeden Fall eine Stäbchenprobe. Außerdem ist Silikon nicht gleich Silikon. Die Formen unterscheiden sich teilweise erheblich in Stabilität und Qualität. Besonders dünne Silikonformen haben daher manchmal einen eingearbeiteten Metallring, den sogenannten Stabilitätsring, der ein Ausbeulen der Form beim Einfüllen der Masse verhindert.

Bitte erhitze Silikonformen beim Backen nicht über 200 °C, damit keine giftigen Stoffe austreten und in das Gebäck gelangen. Zudem würde ich dir empfehlen, insbesondere günstige Formen vor der ersten Verwendung auszubrennen – man spricht auch von „Tempern". Das bedeutet, dass die Form leer bei etwa 200 °C für rund vier Stunden in den Ofen gestellt wird. In jedem Fall solltest du vor dem ersten Gebrauch die Anleitung des Herstellers lesen.

Übrigens: Alle Rezepte in diesem Buch lassen sich gut in Metallformen zubereiten. Silikonformen würde ich dir bei „weichen" Kuchen (insbesondere bei Käsekuchenfüllungen) nicht empfehlen.

EMAILLE, KERAMIK, GLAS UND CO.

Formen aus diesen Materialien sind vor allem eins: ein echter Hingucker! Besonders Emaille hat einen einzigartigen Vintage-Charme und zudem eine gute Wärmeleitfähigkeit. Alle diese Materialien müssen vor ihrer Verwendung aber gut eingefettet werden und sind pflegeintensiv. Während Emaille säurebeständig, robust und widerstandsfähig ist, sind vor allem Keramik- und Glasformen nicht stoßfest.

DEN GUGELHUPF STÜRZEN

Es passiert selbst den besten Bäcker*innen: Marmor-Gugelhupf, Blaubeer-Gugelhupf, Avocado- oder Rotwein-Kuchen - egal welches Rezept. Du hast es schon zehn Mal gebacken und zehn Mal ist der Gugelhupf problemlos aus der Form gerutscht. Und jetzt, beim elften Mal? Sitzt er fest und will einfach nicht rauskommen. Hier verrate ich dir meine Tipps, wie das Gebäck am besten aus der Form „springt“:

1. Egal ob Metall, Silikon, Emaille oder ein anderes Material: Achte darauf, dass die **Form sauber und unzerkratzt** ist. Kratzer entstehen, wenn die Form mit scharfen Gegenständen bearbeitet wurde - versuche daher niemals, den Kuchen freizuschneiden, wenn er sich mal nicht aus der Form löst. Auch die Verwendung rauer Schwämme oder Abspülbürsten beim Reinigen macht die Form auf Dauer kaputt.

2. Die **Vorbereitung** ist der Schlüssel zum Erfolg: In den Rezepten schreibe ich immer wieder „dünn, aber gründlich, mit Butter einstreichen und mit Mehl ausstäuben“. Tatsächlich nehme ich mir beim Gugelhupf-Backen am meisten Zeit für die Vorbereitung der Form. Denn diese solltest du immer gründlich einfetten und bemehlen (ausgenommen Silikonformen). Bei detailreichen Gugelhupf-Formen darf keine noch so kleine Ecke vergessen werden. Ich verwende in der Regel Butter, aber auch Öl oder Margarine sind möglich. Manchmal kann es auch helfen, das Fett zu schmelzen, damit es sich besser verteilen lässt. Anschließend etwas Mehl darauf verteilen und die Form schwenken, damit jede Stelle bedeckt ist. Bei Schokoladenkuchen verwende ich als Alternative zum Mehl gerne Kakaopulver. Ist die Form nicht besonders filigran, können stattdessen auch gemahlene Nüsse, Kokosflocken oder Semmelbrösel zum Einsatz kommen. Zum Schluss halte ich die Gugelhupf-Form kopfüber über das Spülbecken und schlage mit einem Löffel leicht dagegen, damit sich überschüssiges Mehl löst und nicht die feinen Windungen der Form verstopft. Wenn du ein gutes Backtrennspray zur Hand hast, kannst du auch darauf zurückgreifen.

3. Durchbacken: Nicht fertig gebackene Kuchen sind weich und nicht formstabil. Sie werden beim Stürzen auseinanderbrechen und teilweise in der Form kleben bleiben. Da die Backdauer je nach Teigart, Größe und Material der Form sowie dem Backofen variieren kann, empfehle ich dir, immer eine **Stäbchenprobe** beziehungsweise Garprobe zu machen: Schieb dafür vorsichtig ein dünnes Holzstäbchen in den Kuchen. Wenn beim Herausziehen keine feuchten Krümel daran kleben bleiben, ist der Gugelhupf fertig. Wird der Kuchen beim Backen an der Oberseite immer dunkler, ist aber noch nicht durch, decke die Form einfach mit etwas Alufolie ab.

4. Abkühlen lassen: Lasse den Gugelhupf nach Ende der Backzeit etwa 10 Minuten in der Form abkühlen. Ausnahmen sind Gugelhupfe mit Käsekuchen-Füllung und Kuchen in Silikonformen, die länger erkalten sollten. In der **Ruhezeit** stabilisiert sich der Kuchen, zieht sich etwas zusammen und löst sich dabei vom Rand. Nun ein Kuchengitter oder Teller ansetzen und den Gugelhupf schnell umdrehen – hierbei spricht man vom berühmt-berüchtigten „Stürzen". So sollte sich der Kuchen von alleine (oder mit ein wenig Ruckeln) aus der Form lösen.

5. Der Gugelhupf springt nicht aus der Form? Keine Panik. Feuchte zuerst ein **Geschirrtuch mit kaltem Wasser** an und wickle das nasse, kalte Tuch um die Gugelhupf-Form. Warte geduldig nochmal 10 Minuten und versuche dann, die Form anzuheben. Jetzt sollte sie sich ganz einfach ablösen. Hilf eventuell durch etwas Klopfen auf die Form nach.

6. Die **Gefrierschrankmethode**: Wenn der Trick mit dem nassen Tuch nicht geholfen hat, mach etwas Platz im Gefrierfach oder -schrank. Gib den Gugelhupf samt Form für mindestens 1 Stunde hinein. Danach die Form kurz in warmes Wasser stellen (dabei sollte kein Wasser in die Form laufen) oder ein warmes, nasses Geschirrtuch um die Form legen, damit die Oberfläche etwas antaut. Dann den Kuchen auf ein Kuchengitter oder Teller stürzen.

7. Schadensbegrenzung: Hat etwas nicht geklappt, erst mal tief durchatmen und nicht verzweifeln. Das passiert selbst den Besten. Und nur weil der Kuchen nicht die charakteristische Gugelhupf-Form hat, heißt es ja nicht, dass er nicht schmeckt. Wenn er beim Stürzen nur ein wenig zerbrochen ist, kannst du ihn vielleicht mit etwas Schokoladenglasur oder Frischkäsecreme noch reparieren. Und wenn nicht, zaubere einfach Cake Pops oder (mein persönlicher Favorit) Desserts im Glas daraus. Das ist trotzdem super lecker und beim nächsten Mal klappt's bestimmt.

ZUM SCHLUSS NOCH EIN PAAR TIPPS UND TRICKS VON MIR FÜR DICH

NÜTZLICHE KÜCHENHELFER

Der mit Abstand beste Küchenhelfer ist für mich mein kleines Backofenthermometer. Nach dem Umzug in eine neue Wohnung wollte mir einfach kein Kuchen mehr gelingen. Ich hatte die Küchenschürze schon fast an den Nagel gehängt, in letzter Hoffnung dann aber zehn Euro in ein Backofenthermometer investiert. Schließlich hatte ich schon oft gehört, dass jeder Ofen anders ist. Das war die beste Investition, die ich je getätigt habe, denn der Ofen war tatsächlich 30 °C kälter als eingestellt! Inzwischen regle ich die Backtemperatur immer anhand des kleinen Geräts. Außerdem möchte ich nicht mehr auf meinen Teigschaber aus Silikon verzichten, mit dem ich auch den wirklich allerletzten Rest aus der Schüssel kratzen kann. Eine gute Küchenwaage, ein Pinsel, Holzstäbchen für die Stäbchenprobe und Spritzbeutel dürfen in meiner Küche auch nicht fehlen.

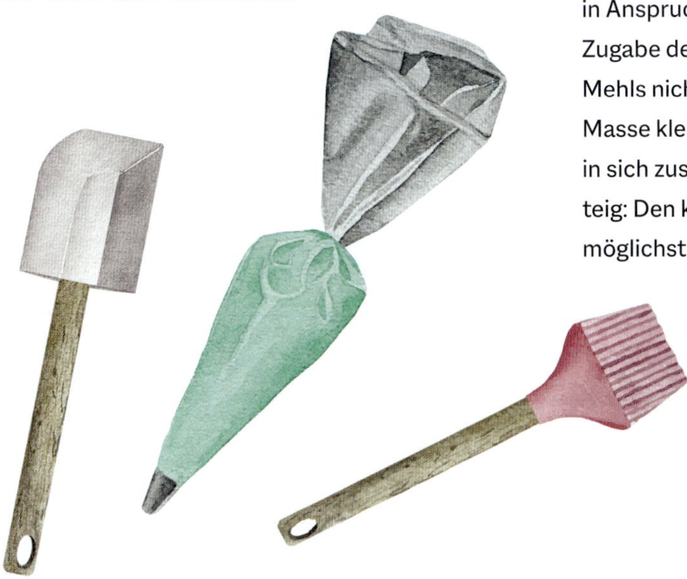

EIER EINZELN EINRÜHREN

Durch das einzelne Einrühren der Eier (meist in eine zuvor aufgeschlagene Butter-Zucker-Mischung) wird die Masse besonders locker. Warte mit dem nächsten Ei immer, bis sich das vorherige vollständig mit den anderen Zutaten verbunden hat. Die Eier solltest du außerdem immer, ebenso wie alle anderen Zutaten, frühzeitig vor dem Backen aus dem Kühlschrank holen. Wenn alle Zutaten Raumtemperatur haben, können sie sich besser miteinander verbinden, ohne auszuflocken oder zu gerinnen.

RÜHRMASSE NICHT ZU LANGE RÜHREN

Anders als es der Name vermuten lässt, sollte eine Rührmasse nur kurz gerührt werden. Während das Aufschlagen von Zucker und Butter noch einige Zeit in Anspruch nehmen darf, solltest du spätestens nach Zugabe des (oftmals mit Backpulver angereicherten) Mehls nicht mehr zu viel rühren. Ansonsten wird die Masse klebrig und der Kuchen fällt nach dem Backen in sich zusammen. Anders verhält es sich beim Hefeteig: Den knete ich vor der Ruhezeit immer nochmal möglichst lange mit den Händen durch.

WIE GEHT EIGENTLICH „UNTERHEBEN"?

Beim Unterheben handelt es sich um eine besondere Art, Zutaten mit der Masse zu verbinden. Beeren bleiben dadurch ganz, Eischnee und Schlagsahne luftig. Das Unterheben von Mehl führt dazu, dass die Masse nicht zu zäh wird. Bei dieser Technik werden die Zutaten durch eine Hebebewegung mit einem Teigschaber vom Schüsselboden und -rand her immer wieder vorsichtig ins Schüsselinnere gezogen. Auf keinen Fall solltest du die Masse dabei schnell oder stark rühren.

DIE RICHTIGE LAGERUNG

Wenn der Gugelhupf auch noch so gut schmeckt: Manchmal kann man ihn nicht auf einmal verspeisen. Glücklicherweise ist das gar kein Problem! Denn unter einer luftdichten Abdeckhaube oder etwas Frischhaltefolie hält der Kuchen bei Raumtemperatur problemlos vier bis fünf Tage. Wenn Toppings und Glasuren mit Sahne, Quark und Co. oder frische Früchte zur Dekoration verwendet wurden, solltest du den Gugelhupf allerdings lieber im Kühlschrank aufbewahren. Einfach eine halbe Stunde vor dem Verzehr wieder herausholen, damit er seine Aromen gut entfalten kann. Und zur Not: Einfrieren klappt bei Rührkuchenrezepten auch sehr gut.

BACKZUTATEN

Ich habe für alle Rezepte klassisches Weizenmehl Type 405 verwendet. Wenn du möchtest, kannst du es vollständig durch Dinkelmehl Type 630 ersetzen. Mehl auf Dinkel-Basis schmeckt im Vergleich zu Weizenmehl nussiger und hat einen höheren Mineral- und Ballaststoffgehalt.

Als geschmacksneutrales Öl, das in vielen Rezepten zum Einsatz kommt, empfehle ich dir Sonnenblumen- und Rapsöl. Achte darauf, dass die Öle heißgepresst („raffiniert") wurden, damit sie neutral schmecken. Kaltgepresste und aromatische Öle, zum Beispiel auf Basis von Oliven oder Kokos, beeinflussen hingegen den Geschmack des Kuchens.

Schokolade, Kuvertüre oder Schokoladenglasur – gibt es da einen Unterschied? Oh ja! Wie Schokolade besteht Kuvertüre vor allem aus Kakaomasse, Kakaobutter und Zucker. Allerdings ist der Anteil der Kakaobutter, also der Fettgehalt, bei Kuvertüre höher. Dadurch wird sie beim Schmelzen flüssiger und lässt sich einfacher verarbeiten. Nachteilig ist hingegen, dass sie beim Abkühlen grau wird, wenn sie zu stark erhitzt wurde. Kuvertüre schmelze ich daher immer schonend über einem Wasserbad. Eine Schokoladenglasur (auch „kakaohaltige Fettglasur") enthält hingegen weniger oder gar keine Kakaobutter. Stattdessen wird auf billigere Fette, wie Kokos- oder Palmfett, zurückgegriffen. Das macht die Glasur kostengünstiger und erleichtert die Verarbeitung. Dafür muss man Abstriche beim Geschmack machen.

HEFE-GUGELHUPF

mit Rosinen

FÜR DEN TEIG

100 g	Rosinen
3 EL	Rum
400 g	Mehl
1 Würfel	Hefe
150 g	Zucker
200 ml	Milch, lauwarm
120 g	Butter
2	Eier

AUSSERDEM

Puderzucker zum Bestäuben
Butter und Mehl für die Form

Gib zuerst die Rosinen mit dem Rum in ein Schälchen und lasse sie mindestens eine halbe Stunde ziehen. Währenddessen das Mehl in eine Schüssel geben und mit einem Löffel in die Mitte eine Mulde drücken. Den Hefewürfel in diese Vertiefung bröseln, 2 EL von 150 g Zucker dazugeben und das Ganze mit lauwarmer Milch auffüllen, bis die Hefe bedeckt ist. Nach etwa 15 Minuten bildet die Hefe Bläschen.

Gib nun den restlichen Zucker, die restliche Milch, die Butter in Würfeln und die 2 Eier dazu. Die Zutaten miteinander verkneten, bis ein glatter Teig entstanden ist - er darf ruhig feucht und klebrig sein. Arbeite zum Schluss noch die eingelegten Rosinen ein. Den Teig in eine mit Butter bestrichene und mit Mehl ausgestäubte Gugelhupf-Form füllen und diese mit einem Handtuch bedecken. Lasse das Ganze etwa eine Stunde an einem warmen Ort gehen.

Den Ofen auf 175 °C Umluft vorheizen und den Gugelhupf 30 Minuten backen. Lasse den Kuchen nach dem Ende der Backzeit 10 Minuten ruhen und stürze ihn anschließend aus der Form. Vor dem Servieren etwas Puderzucker darüber sieben. ♥

Den Teig kannst du noch mit dem Abrieb einer Bio-Zitrone oder etwas Vanille verfeinern. Außerdem schmeckt der Hefe-Gugelhupf besonders gut, wenn man etwas frische Butter darauf streicht.

ZITRONEN-GUGELHUPF

FÜR DIE MASSE

2	Bio-Zitronen, Saft und Abrieb
300 g	Mehl
½ Pck.	Backpulver
1 Prise	Salz
180 g	Zucker
4	Eier
200 g	griechischer Joghurt
180 ml	geschmacks-neutrales Öl

FÜR DIE TRÄNKE

1	Zitrone, Saft
15 g	Puderzucker

FÜR DEN GUSS

1	Zitrone, Saft
200 g	Puderzucker

AUSSERDEM

1	Zitrone
20 g	gehackte Pistazien
	frische Minze
	Baiser-Tropfen
	Butter und Mehl für die Form

Fette eine Form dünn, aber gründlich, mit Butter ein und bestäube sie mit Mehl. Den Ofen auf 175 °C Ober-/Unterhitze vorheizen.

Wasche 2 Zitronen mit heißem Wasser und reibe die Schale ab. Anschließend auspressen – sie sollten insgesamt 60 bis 80 ml Saft ergeben. Gib Abrieb und Saft zusammen mit Mehl, Backpulver, Salz, Zucker, Eiern, griechischem Joghurt und Öl in eine Schüssel. Alle Zutaten kurz verrühren, bis sie sich gerade verbinden. Fülle die Masse in die vorbereitete Gugelhupf-Form und backe sie 55 Minuten.

Kurz vor dem Ende der Backzeit kann die Tränke zubereitet werden. Dafür eine weitere Zitrone auspressen und den Saft mit Puderzucker verrühren. Gib diese Mischung auf den fertig gebackenen Kuchen. Den Gugelhupf nach 10 Minuten stürzen und anschließend auskühlen lassen.

Presse danach eine weitere Zitrone aus und verrühre den Saft mit Puderzucker zu einem Guss. Die Konsistenz sollte fließend, aber dickflüssig sein und kann über das Zitronensaft-Puderzucker-Verhältnis beeinflusst werden. Verwende zum Auftragen einen Spritzbeutel oder einen Löffel. Den Gugelhupf mit einer aufgeschnittenen Zitrone, gehackten Pistazien, Minzblättern und Baiser-Tropfen garnieren. ♥

Als Deko kannst du auch Zitronenmelisse, Rosmarin, Minze, Schleierkraut oder Gänseblümchen verwenden.

MARMOR-GUGELHUPF

FÜR DIE MASSE

120 g	Zartbitter-schokolade
200 g	Butter
230 g	Zucker
5	Eier
300 g	griechischer Joghurt
350 g	Mehl
1 TL	Backpulver
1 TL	Natron
220 ml	Buttermilch
30 g	Kakao

AUSSERDEM

300 g	Zartbitterkuvertüre

Eine Silikonform auswaschen und abtrocknen. Heize den Ofen auf 180°C Ober-/Unterhitze vor.

Die Zartbitterschokolade über einem Wasserbad schmelzen.

Schlage währenddessen Butter und Zucker miteinander auf, bis eine helle, cremige Masse entsteht. Nacheinander die 5 Eier einrühren und danach den griechischen Joghurt dazugeben. Mehl, Backpulver und Natron miteinander vermischen und abwechselnd mit 200 ml Buttermilch zur Masse geben.

Gib etwa die Hälfte der Masse in die Silikonform. Zu der anderen Hälfte den Kakao, die geschmolzene Schokolade und die restlichen 20 ml Buttermilch geben. Verteile die Schokoladen-Masse dann auf der hellen Masse und marmoriere sie. Rund 60 Minuten backen, aus dem Ofen nehmen und in der Form erkalten lassen.

Ziehe die Silikonform vom ausgekühlten Gugelhupf ab und wasche sie aus. Über einem Wasserbad die Kuvertüre schmelzen, in die gesäuberte Silikonform geben und den Gugelhupf kopfüber hineinlegen. Nun zum Aushärten nochmal abkühlen lassen, nach Möglichkeit über Nacht. Zu guter Letzt kann die Silikonform vorsichtig abgezogen werden und es entsteht eine glänzende, glatte Schoko-Oberfläche. ♥

Zum Marmorieren kannst du einfach eine Gabel spiralförmig durch die Masse ziehen.

Bunter

FUNFETTI CAKE

FÜR DIE MASSE

250 g	Butter
200 g	Zucker
4	Eier
1 TL	Vanillepaste
450 g	Mehl
½ Pck.	Backpulver
1 Prise	Salz
100 ml	geschmacksneutrales Öl
200 ml	Buttermilch
150 g	bunte Streusel

AUSSERDEM

100 g	Puderzucker
20 ml	Zitronensaft
	bunte Streusel
	Butter und Mehl für die Form

Zuerst die Form dünn, aber gründlich, mit etwas Butter einstreichen und mit Mehl bestäuben. Den Ofen auf 175 °C Ober-/Unterhitze vorheizen.

Butter und Zucker miteinander cremig rühren. Rühre die Eier einzeln nacheinander ein und füge anschließend die Vanillepaste hinzu. Mehl, Backpulver und Salz miteinander vermischen und abwechselnd mit dem Öl und der Buttermilch zur Masse geben. Verrühre die Masse kurz und hebe mit einem Teigschaber die bunten Streusel unter. Das Ganze in die Gugelhupf-Form füllen und etwa 55 Minuten backen.

Lasse den Gugelhupf nach der Backzeit 10 Minuten in der Form ruhen und stürze ihn anschließend. Nach dem Auskühlen etwas Puderzucker mit Zitronensaft anrühren und den Kuchen nach Belieben mit weiteren bunten Streuseln verzieren. ♥

Wie bei allen Kuchen gilt: Wird der Gugelhupf vor Ende der Backzeit an der Oberfläche zu dunkel, decke ihn mit Alufolie ab.

YUMMY

FRANKFURTER KRANZ

FÜR DIE CREME

400 ml Milch
1 Pck. Vanillepudding-pulver
2 EL Zucker
250 g Butter

FÜR DIE MASSE

6 Eier
1 Prise Salz
150 g Zucker
2 EL Mineralwasser
1 TL Vanillepaste
150 g Mehl
100 g Speisestärke
1 TL Backpulver

AUSSERDEM

6 EL Kirschkonfitüre
200 g Haselnusskrokant
12 Kirschen
Butter und Mehl für die Form

Mehrere Stunden vor dem Backen den Vanillepudding zubereiten. Nimm dafür 2 EL von der Milch ab und verrühre sie mit dem Vanillepuddingpulver und dem Zucker. Die restliche Milch in einem Topf erhitzen, dabei ständig umrühren. Wenn die Milch kocht, nimm den Topf vom Herd und gib das angerührte Puddingpulver hinzu. Anschließend nochmal unter ständigem Rühren aufkochen, bis der Pudding eindickt. Bedecke den Pudding zum Abkühlen mit Frischhaltefolie, damit er keine Haut bildet. Die Butter am selben Ort wie den Pudding lagern, damit beides bei der Weiterverarbeitung die gleiche Temperatur hat.

Streiche die Gugelhupf-Form mit Butter ein und bestäube sie dünn, aber gründlich, mit Mehl. Den Backofen auf 190 °C Ober-/Unterhitze vorheizen.

Trenne die Eier, schlage die Eiweiße mit einer Prise Salz steif und stelle sie zur Seite. Die Eigelbe mit dem Zucker aufschlagen, bis die Masse hell und schaumig ist. Rühre das Mineralwasser und die Vanillepaste ein. Das Mehl mit der Speisestärke und dem Backpulver mischen und kurz mit der restlichen Masse verrühren. Hebe nun das steife Eiweiß mit einem Teigschaber unter. Die Masse in die Gugelhupf-Form füllen und 30 Minuten im Ofen backen. Lasse den Kuchen anschließend 10 Minuten abkühlen, stürze ihn aus der Form und lasse ihn erkalten.

Die Butter kurz aufschlagen, dann den Pudding einrühren. Schneide den Gugelhupf horizontal zweimal durch. Auf dem unteren Boden 3 EL Kirschkonfitüre verteilen – etwas Abstand zum Rand lassen. Gib einen Teil der Creme auf die Konfitüre. Den mittleren Boden daraufsetzen und diesen wieder mit etwas Konfitüre und Creme bedecken. Setze dann den oberen Boden darauf und streiche den Gugelhupf dünn mit der restlichen Creme ein. Etwas Creme für die Verzierung am Schluss aufheben. Zuletzt den Haselnusskrokant rundum an den Kuchen drücken, mit der restlichen Creme kleine Tupfen aufspritzen und den Gugelhupf mit frischen Kirschen verzieren. ♥

BIERKUCHEN

FÜR DIE MASSE

300 ml	Weißbier
250 g	Butter
3	Eier
200 g	Zucker
500 g	Mehl
1 Prise	Salz
½ Pck.	Backpulver

AUSSERDEM

5 EL	Weißbier
200 g	Schlagsahne
20 g	Zucker
	Butter und Mehl für die Form

Gib das Weißbier zusammen mit der Butter in einen Topf und erwärme es langsam, bis die Butter geschmolzen ist. Den Topf vom Herd nehmen und etwas abkühlen lassen.

Heize den Ofen auf 175 °C Ober-/Unterhitze vor. Eine Gugelhupf-Form dünn, aber gründlich, mit Butter einstreichen und mit Mehl bestäuben.

Trenne die Eier und verrühre die Eigelbe mit dem Zucker. Dann die Weißbier-Butter dazugeben. Vermische in einer Schüssel Mehl, Salz und Backpulver. Zur Masse geben und kurz verrühren, bis eine glatte Masse entsteht. Schlage die Eiweiße steif und hebe sie mit einem Teigschaber unter.

Die Masse in die vorbereitete Form füllen und den Kuchen 45 Minuten backen. Herausnehmen und mit einer Gabel oder einem Holzspieß kleine Löcher hineinstechen. Tränke den Kuchen dann mit 5 EL Weißbier und lasse ihn 10 Minuten ruhen. Anschließend aus der Form stürzen, damit der Gugelhupf vollständig abkühlen kann.

Vor dem Servieren die Schlagsahne mit dem Zucker steif schlagen und auf dem Kuchen verteilen. ♥

Cremiger

HUGO-GUGELHUPF

FÜR DIE MASSE

200 g	Butter
200 g	Zucker
4	Eier
450 g	Mehl
½ Pck.	Backpulver
1 Prise	Salz
250 ml	Sekt
150 ml	Holunderblütensirup

FÜR DIE TRÄNKE

5 EL	Holunderblütensirup

FÜR DIE CREME

100 g	Frischkäse (Doppelrahmstufe)
20 g	Puderzucker
3 EL	Holunderblütensirup
100 g	Schlagsahne

Spüle eine Silikonform mit kaltem Wasser aus und trockne sie gut ab. Den Ofen auf 175 °C Ober-/Unterhitze vorheizen.

Schlage für die Masse die Butter mit dem Zucker auf. Die Eier nacheinander einzeln unterrühren. Vermische Mehl, Backpulver und Salz und gib sie abwechselnd mit dem Sekt und dem Holunderblütensirup zur Masse. Diese, wenn sich alle Zutaten gut miteinander verbunden haben, in die Form füllen und 50 Minuten backen. Stich den Kuchen anschließend mit einer Gabel ein und verteile 5 EL Holunderblütensirup darauf. Vollständig abkühlen lassen, bevor die Silikonform abgezogen wird.

Für die Creme verquirle den Frischkäse mit Puderzucker und Holunderblütensirup. Die Schlagsahne steif schlagen und mit einem Teigschaber unter die Frischkäse-Creme heben. Verteile die Creme mit einem Löffel auf dem Gugelhupf. ♥

Da die Holunder-Blütezeit sehr kurz ist, kannst du bei der Dekoration auf Limetten und Minze zurückgreifen.

PIÑA-COLADA-GUGELHUPF

FÜR DIE MASSE

- 350 g Ananas-Fruchtfleisch
- 250 g Butter
- 250 g brauner Zucker
- 5 Eier
- 1 Fl. Rum-Aroma (entspricht 2 ml)
- 450 g Mehl
- ½ Pck. Backpulver
- 1 Prise Salz
- 50 g Kokosflocken
- 200 ml geschmacksneutrales Öl

FÜR DIE CREME

- 70 g Butter
- 70 g Puderzucker
- 70 g Frischkäse (Doppelrahmstufe)
- gelbe Lebensmittelfarbe

Wische zuerst die Silikonform feucht aus und trockne sie ab. Den Backofen auf 175 °C Ober-/Unterhitze vorheizen. Schneide die Ananas in kleine Würfel (ca. 1x1 cm) – bei Verwendung von Dosenananas gib die Früchte in ein Sieb und lasse sie gut abtropfen.

Für die Masse die Butter zusammen mit dem Zucker aufschlagen. Rühre dann nacheinander einzeln die Eier unter bis sich alle Zutaten gut miteinander verbinden. Das Rum-Aroma hinzufügen. Mische in einer Schüssel Mehl, Backpulver, Salz und Kokosflocken und gib sie abwechselnd mit dem Öl zur Masse. Zum Schluss die klein geschnittenen Ananasstücke unterheben, die Masse in die Gugelhupf-Form füllen und 60 Minuten backen. Wenn bei der Stäbchenprobe keine feuchten Krümel mehr an dem Holzstäbchen hängen bleiben, nimm den Gugelhupf aus dem Ofen und lasse ihn vollständig auskühlen, bevor du die Silikonform abziehst.

Für die Creme zuerst die Butter mit dem Puderzucker aufschlagen, dann den Frischkäse und etwas Lebensmittelfarbe hinzufügen. Anschließend kannst du die Creme mit einem Spritzbeutel auftragen. ♥

WEISSWEIN-KUCHEN

mit Pfirsichen

FÜR DIE MASSE

1 Dose	Pfirsiche (Abtropfgewicht ca. 250 g)
250 g	Butter
250 g	Zucker
3	Eier
300 g	Mehl
200 g	gemahlene Mandeln
1 Pck.	Backpulver
250 ml	Weißwein

AUSSERDEM

150 g	Vanille-Glasur
1	Nektarine
10 g	Mandelblättchen

Spüle zuerst eine Silikonform mit kaltem Wasser aus und trockne sie ab. Den Ofen auf 175 °C Ober-/Unterhitze vorheizen. Lasse die Pfirsiche in einem Sieb abtropfen. In kleine Würfel schneiden und auf ein Küchenpapier legen, damit noch etwas Flüssigkeit aufgesaugt wird.

Schlage in einer Rührschüssel die Butter mit dem Zucker auf. Nach und nach die 3 Eier unterrühren. Mische dann Mehl, gemahlene Mandeln und Backpulver. Abwechselnd mit dem Weißwein zur Masse geben und kurz verrühren, bis sich alles miteinander verbindet. Hebe die vorbereiteten Pfirsiche mit einem Teigschaber unter die Masse. Diese anschließend in die Form füllen und 60 Minuten backen. Nach dem Herausnehmen vollständig abkühlen lassen.

Ist der Gugelhupf vollständig erkaltet, kannst du die Silikonform vorsichtig abziehen. Diese nun reinigen und währenddessen die Vanille-Glasur über einem Wasserbad schmelzen. Gib die flüssige Glasur in die Form und lege den Gugelhupf kopfüber hinein. Nun nochmal alles gut abkühlen und aushärten lassen. Ziehe danach die Form ab.

Abschließend kann der Gugelhupf mit einer aufgeschnittenen Nektarine und Mandelblättchen dekoriert werden. Diese am besten kurz in einer beschichteten Pfanne ohne Fett anrösten. ♥

Gefüllter ROTWEIN-KUCHEN

FÜR DIE MASSE

250 g	Butter
200 g	Zucker
4	Eier
300 g	Mehl
1 Pck.	Vanillezucker
1 Pck.	Backpulver
1 EL	Zimt
30 g	Kakao
150 ml	Rotwein
50 g	Schokostreusel

FÜR DIE FÜLLUNG

200 g	Magerquark
1 EL	Puderzucker
1 EL	Speisestärke
1	Ei
80 g	Himbeer-Fruchtaufstrich
100 g	Himbeeren

FÜR DEN GUSS

120 g	Puderzucker
2–3 EL	Rotwein

AUSSERDEM

Butter und Mehl für die Form

Eine Gugelhupf-Form mit Butter bestreichen und mit Mehl bestäuben. Heize den Ofen auf 175 °C Ober-/Unterhitze vor.

Für die Masse die Butter mit dem Zucker aufschlagen und nach und nach die 4 Eier zugeben. Vermische das Mehl mit Vanillezucker, Backpulver, Zimt und Kakao und gib es dann abwechselnd mit dem Rotwein zur Masse. Abschließend die Schokostreusel mit einem Teigschaber unterheben. Stelle die Masse beiseite.

In einer zweiten Schüssel Magerquark mit Puderzucker, Speisestärke und Ei verrühren.

Fülle nun etwa zwei Drittel der Masse in die Gugelhupf-Form und ziehe mit einem Löffel in die Mitte eine Vertiefung. Die Masse ist relativ stabil, sodass sie an den Seiten der Gugelhupf-Form gut hochgezogen werden kann. Den Fruchtaufstrich hineingeben und die Füllung darüber verteilen – sie sollte den Rand der Form nicht berühren. Streiche bei Bedarf mehr Masse an den Gugelhupf-Rand. Dann die Himbeeren auf die Käsekuchenfüllung geben und die restliche Masse vorsichtig darauf verstreichen. Backe den Kuchen 60 Minuten im Ofen und nimm ihn dann heraus. Den Rotwein-Kuchen erst nach etwa einer Stunde stürzen, da die Füllung noch etwas abkühlen sollte.

Wenn du den Kuchen gestürzt hast und er vollkommen abgekühlt ist, kannst du den Guss zubereiten. Dafür Puderzucker mit 2–3 EL Rotwein anrühren. Die Konsistenz kann durch das Hinzugeben von mehr Puderzucker (fester) oder mehr Rotwein (flüssiger) gesteuert werden. Verteile den Guss zum Schluss mit einem Löffel, Kännchen oder Pinsel auf dem Kuchen. ♥

TIRAMISU-GUGELHUPF

FÜR DIE MASSE

300 ml	Kaffee
250 g	Butter
250 g	Puderzucker
5	Eier
150 g	Mascarpone
450 g	Mehl
1 Prise	Salz
½ Pck.	Backpulver
200 ml	geschmacks-neutrales Öl
3 EL	Amaretto
12	Löffelbiskuits (rd. 100 g)

FÜR DIE CREME

100 g	Schlagsahne
1 Pck.	Sahnefestiger
100 g	Mascarpone
1 EL	Zucker

AUSSERDEM

5	EL Amaretto
1	EL Kakao
	Butter und Mehl für die Form

Streiche zuerst die Form mit etwas Butter ein und bestäube sie dünn, aber gründlich, mit Mehl. Den Ofen auf 175 °C Ober-/Unterhitze vorheizen. Koche einen starken Kaffee und stelle ihn zur Seite.

Die Butter und den Puderzucker aufschlagen, bis die Masse cremig und weiß ist. Gib einzeln die 5 Eier hinzu und rühre die Mascarpone ein. In einer Schüssel Mehl, Salz und Backpulver miteinander vermischen und dann abwechselnd mit dem Öl zur Masse geben.

Fülle rund ein Drittel der Masse in die vorbereitete Form. Den Kaffee mit 3 EL Amaretto mischen und in einen tiefen Teller geben. Wende die Hälfte der Löffelbiskuits kurz darin und verteile sie auf der Masse. Dann ein weiteres Drittel der Masse darüberstreichen. Weiche die zweite Hälfte Löffelbiskuits ein, gib sie auf den Kuchen und fülle die Form mit dem Rest der Masse auf. Das Ganze 60 Minuten im Ofen backen.

Stich den Kuchen nach dem Herausnehmen einige Male mit einem Holzstäbchen ein und verteile 5 EL Amaretto darauf . 10 Minuten später kann er gestürzt werden und sollte vollständig abkühlen.

Schlage für die Creme die Sahne mit dem Sahnefestiger auf. In einer zweiten Schüssel die Mascarpone mit dem Zucker verrühren und anschließend die Schlagsahne unterheben. Verteile die Creme mit einem Spritzbeutel auf dem Kuchen und siebe etwas Kakao darüber. ♥

RUM-GUGELHUPF

FÜR DIE MASSE

150 g	Butter
200 g	Zucker
100 ml	geschmacks-neutrales Öl
100 ml	Milch
100 ml	Rum
5	Eier
400 g	Mehl
½ Pck.	Backpulver

FÜR DIE TRÄNKE

100 g	Butter
150 ml	Rum
100 g	Zucker
1 TL	Vanillepaste

AUSSERDEM

Butter und Mehl für die Form

Eine Gugelhupf-Form dünn, aber gründlich, mit Butter einfetten und anschließend mit Mehl bestäuben. Heize den Ofen auf 175 °C Ober-/Unterhitze vor.

Die Butter mit dem Zucker zu einer cremigen Masse aufschlagen. Verquirle in einer Schüssel Öl, Milch, Rum und Eier und mische in einer weiteren Schüssel Mehl und Backpulver. Nun abwechselnd die flüssigen und trockenen Zutaten zur Masse geben. Verrühre alles, bis eine glatte Masse entsteht. Diese in die vorbereitete Form füllen und 60 Minuten im Ofen backen.

Gib etwa 10 Minuten vor Ende der Backzeit alle Zutaten für die Tränke - Butter, Rum, 50 ml Wasser, Zucker und Vanillepaste - in einen Topf und erwärme sie vorsichtig, bis die Butter geschmolzen ist. Den Kuchen aus dem Ofen nehmen und mit einer Gabel oder einem Holzspieß mehrfach einstechen. Verteile etwa ein Drittel der Tränke darauf und warte 10 Minuten. Das zweite Drittel der Tränke über den Kuchen gießen, nochmals 10 Minuten warten und dann die restliche Flüssigkeit darüber geben.

Lasse den Gugelhupf nun mindestens 4 Stunden (oder über Nacht) auskühlen. Dann kann er aus der Form gestürzt werden. ♥

Du bist dir unsicher, welchen Rum du verwenden sollst? Das ist Geschmackssache! Ich habe mich für goldenen Rum (auch Amber Rum genannt) entschieden: Er schmeckt vollmundiger als weißer, aber nicht so kräftig nach Melasse oder Karamell wie brauner Rum.

APFEL-NUSS-GUGELHUPF

mit Käsekuchen-Füllung

FÜR DIE MASSE

2	Äpfel
100 g	Walnüsse
4	Eier
180 g	brauner Zucker
1 Prise	Salz
400 g	Mehl
½ Pck.	Backpulver
200 ml	geschmacks-neutrales Öl
150 g	griechischer Joghurt
200 g	gemahlene Haselnüsse

FÜR DIE KÄSEKUCHEN-FÜLLUNG

200 g	Magerquark
1	Ei
40 g	Zucker
1 EL	Speisestärke
1 TL	Vanillepaste

AUSSERDEM

50 g	Vanille-Glasur
	Butter und Mehl für die Form

Zu Beginn die Gugelhupf-Form mit Butter bestreichen und mit Mehl bestäuben. Heize den Ofen auf 175 °C Ober-/Unterhitze vor. Die Äpfel schälen, das Kernhaus entfernen, in ca. 1x1 cm große Würfel schneiden und vorerst zur Seite stellen. Hacke die Walnüsse grob mit einem scharfen Messer und stelle sie dann ebenfalls zur Seite. Die Zutaten für die Käsekuchenfüllung kannst du bereits miteinander verquirlen.

Für die Masse die Eier zusammen mit dem braunen Zucker und einer Prise Salz aufschlagen. Mische das Mehl mit dem Backpulver und gib es abwechselnd mit dem Öl zur Masse. Zum Schluss den griechischen Joghurt, die gemahlenen Haselnüsse sowie die zuvor gehackten Walnüsse kurz unterheben.

Fülle etwa zwei Drittel der Masse in die Gugelhupf-Form und streiche sie mit einem Löffel an den Rändern hoch. In der dadurch entstandenen Mulde etwa die Hälfte der Apfelwürfel verteilen und die Käsekuchen-Füllung darauf geben. Füge dann die zweite Hälfte der Äpfel hinzu und streiche zum Schluss den Rest der Masse darüber. Das Ganze 60 Minuten im Ofen backen. Im Gegensatz zu anderen Kuchen sollte dieser Gugelhupf eine ganze Stunde ruhen, bevor er aus der Form gestürzt wird, damit die Füllung abkühlen kann.

Du kannst den Gugelhupf beispielsweise mit einer weißen Vanille-Glasur garnieren: Dafür die Glasur über einem Wasserbad schmelzen, in einen Spritzbeutel füllen und auf dem Kuchen verteilen. ♥

Du hast keinen Spritzbeutel zur Hand? Kein Problem! Verwende einfach einen Plastik-Gefrierbeutel und schneide davon eine Ecke ab – schon hast du einen Do-it-yourself-Spritzbeutel.

BANANEN-GUGELHUPF

mit Amaretti

FÜR DIE MASSE

2	Bananen
200 g	weiße Schokolade
400 g	Mehl
1 Prise	Salz
½ Pck.	Backpulver
150 g	Zucker
4	Eier
250 ml	geschmacksneutrales Öl
200 g	Schmand
100 g	Amaretti

AUSSERDEM

5 EL	Amaretto
50 g	Amaretti
50 g	weiße Kuvertüre
	Butter und Mehl für die Form

Eine Gugelhupf-Form dünn, aber gründlich, mit Butter einfetten und anschließend mit Mehl bestäuben. Heize den Ofen auf 175 °C Ober-/Unterhitze vor. Die Bananen mit einer Gabel zerdrücken und zur Seite stellen. Hacke die weiße Schokolade mit einem Messer und stelle sie ebenfalls beiseite.

In einer Schüssel Mehl, Salz, Backpulver, Zucker, Eier, Öl und Schmand miteinander verrühren. Wenn sich alle Zutaten gut verbunden haben, hebe die zerdrückten Bananen, die gehackte Schokolade und die Amaretti mit einem Teigschaber unter. Die Masse anschließend in die vorbereitete Gugelhupf-Form füllen. Rund 60 Minuten backen.

Nimm den Kuchen nach der Backzeit aus dem Ofen und tränke ihn mit 5 EL Amaretto. Nach einer Wartezeit von 10 Minuten kann er aus der Form gestürzt werden. Lasse ihn anschließend auskühlen.

Zum Dekorieren Amaretti mit einem Löffel in einer Schüssel zerdrücken. Schmelze die weiße Kuvertüre über einem Wasserbad und verteile sie mit einem Spritzbeutel oder einem Löffel auf dem Gugelhupf. Darauf die zerbröselten Amaretti streuen und fest werden lassen. ♥

enjoy

KAROTTEN-GUGELHUPF

mit Zimt und Ingwer

FÜR DIE MASSE

500 g	Karotten
300 g	Butter
140 g	Zucker
6	Eier
250 g	Mehl
250 g	gemahlene Mandeln
1 Pck.	Backpulver
1 Pck.	Vanillezucker
1 Prise	Salz
5 TL	Zimt
10 g	Ingwer

AUSSERDEM

150 g	Frischkäse (Doppelrahmstufe)
2 EL	Puderzucker
½ TL	Zimt
100 g	Schlagsahne
	Butter und Mehl für die Form

Die Karotten grob raspeln und zur Seite stellen. Betreiche die Gugelhupf-Form mit etwas Butter und bestäube sie mit Mehl. Den Ofen auf 175 °C Ober-/Unterhitze vorheizen.

Schlage die Butter zusammen mit dem Zucker auf, bis die Masse hell und cremig wird. Anschließend nacheinander die 6 Eier unterrühren. Mische in einer Schüssel die trockenen Zutaten – Mehl, Mandeln, Backpulver, Vanillezucker, Salz und Zimt – und gib sie zur Masse. Den frischen Ingwer fein reiben und zusammen mit den zuvor gehobelten Karotten unterheben – etwa 20 g Karotten für die Dekoration des Kuchens zur Seite stellen. Gib nun die Masse in die Gugelhupf-Form und backe sie 60 Minuten. Nach dem Herausnehmen 10 Minuten warten, den Kuchen stürzen und vollständig abkühlen lassen.

Zur Zubereitung der Creme verrühre den Frischkäse mit Puderzucker und Zimt. Die Sahne steif schlagen und mit einem Teigschaber unter den Frischkäse heben. Verziere den Kuchen zuletzt mit der Creme und den übrigen Karottenraspeln. ♥

KÄSEKUCHEN-GUGELHUPF

mit Rhabarber

FÜR DIE MASSE

150 g	Butter
150 g	Zucker
4	Eier
1 TL	Vanillearoma
300 g	Mehl
1 TL	Backpulver
1 Prise	Salz

FÜR DIE FÜLLUNG

400 g	Rhabarber
40 g	Butter
1	Ei
100 g	Zucker
40 g	Weichweizengrieß
250 g	Magerquark

AUSSERDEM

Puderzucker zum Bestäuben
Butter und Mehl für die Form

Zuerst den Rhabarber säubern, schälen und in rund 1 cm lange Stücke schneiden. Fette eine Gugelhupf-Form mit etwas Butter ein und bestäube sie mit Mehl. Den Ofen auf 175 °C Ober-/Unterhitze vorheizen.

Schlage die Butter und den Zucker zu einer cremigen Masse auf. Nach und nach die 4 Eier dazugeben, dann das Vanillearoma. Vermische in einer Schüssel Mehl, Backpulver und Salz und rühre die Zutaten anschließend kurz unter die restliche Masse. Diese anschließend zur Seite stellen. Verrühre nun für die Füllung die Butter mit dem Ei, Zucker, Weichweizengrieß und Magerquark.

Gut drei Viertel der Masse in die Gugelhupf-Form geben und an den Seiten hochziehen. Gib etwas Rhabarber in die dadurch entstandene Vertiefung, gieße die Quark-Creme darüber und verteile den restlichen Rhabarber darauf. Dabei darauf achten, dass die Füllung von der Masse umschlossen ist. Verstreiche dann die restliche Masse dünn auf dem Kuchen und backe ihn 50 Minuten im Ofen. Trotz der Käsekuchenfüllung kann dieser Gugelhupf nach einer Ruhezeit von 10 Minuten aus der Form gestürzt werden.

Bestäube den abgekühlten Rhabarber-Gugelhupf vor dem Servieren mit etwas Puderzucker. ♥

AVOCADO-GUGELHUPF

FÜR DIE MASSE

2	Avocados, rd. 250 g Fruchtfleisch
1	Bio-Zitrone, Saft und Abrieb
200 g	Butter
150 g	Zucker
5	Eier
450 g	Mehl
1 Pck.	Backpulver
1 Prise	Salz

FÜR DEN GUSS

120 g	Puderzucker
2-3 EL	Zitronensaft

AUSSERDEM

1	Avocado
	Gänseblümchen
	Butter und Mehl für die Form

Eine Gugelhupf-Form mit etwas Butter einstreichen und dünn, aber gründlich, mit Mehl bestäuben. Heize den Ofen auf 175 °C Ober-/Unterhitze vor.

Das Avocado-Fruchtfleisch von der Schale und dem Kern trennen. Wasche die Zitrone heiß ab, raspele mit einer Küchenreibe die Schale fein und presse die Frucht anschließend aus. Saft und Abrieb zusammen mit dem Fruchtfleisch der Avocado pürieren – alternativ mit einer Gabel gründlich zerdrücken und miteinander vermengen.

Schlage die Butter mit dem Zucker auf und gib die Eier nacheinander dazu. Avocadopüree hinzufügen. Mische Mehl, Backpulver und Salz und verrühre sie mit den anderen Zutaten kurz zu einer glatten Masse. Diese in die Gugelhupf-Form füllen und 45 Minuten backen. Lasse den Kuchen nach dem Backen 10 Minuten ruhen und stürze ihn anschließend.

Vor dem Servieren des Gugelhupfs Puderzucker und Zitronensaft zu einem Guss verrühren und auf dem Kuchen verteilen. Verziere ihn zum Schluss mit einer Avocado und Gänseblümchen. ♥

MOHN-GUGELHUPF

mit Zwetschgen

VEGAN

FÜR DEN TEIG

1 Würfel	Hefe
75 g	Zucker
200 ml	Mandelmilch, lauwarm
120 g	Margarine
500 g	Mehl

FÜR DIE FÜLLUNG

500 g	Zwetschgen
150 g	Mohn
180 ml	Mandelmilch
1 Pck.	Vanillezucker
100 g	Zucker
1 TL	Zimt

AUSSERDEM

Margarine und Mehl für die Form

Den Hefewürfel mit den Fingern in eine Schüssel bröseln, dann Zucker und lauwarme Mandelmilch dazugeben. Verrühre die Mischung mit einer Gabel oder einem Schneebesen und lasse sie 10 Minuten ruhen. An der Oberfläche sollten sich kleine Bläschen bilden. Lasse in der Zwischenzeit die Margarine schmelzen und etwas abkühlen. Dann die aktivierte Hefe zusammen mit der geschmolzenen Margarine zum Mehl geben und alle Zutaten zu einem glatten Teig verkneten. Stell ihn anschließend in einer abgedeckten Schüssel für 1-2 Stunden an einen warmen Ort.

In der Zwischenzeit die Zwetschgen waschen, entkernen und vierteln. Streiche eine Gugelhupf-Form dünn, aber gründlich, mit Margarine ein und bestäube sie mit Mehl.

Den Mohn für die Füllung mit einer entsprechenden Mühle mahlen oder mit einem Mörser zerstoßen, damit das Aroma austreten kann. Erwärme den Mohn anschließend zusammen mit der Mandelmilch, Vanillezucker, Zucker und Zimt und lasse die Masse köcheln, bis sie eindickt.

Nun den Hefeteig dünn ausrollen und mit der Mohnfüllung bestreichen. Verteile die Zwetschgen darauf und falte den Teig oder rolle ihn auf. In die Gugelhupf-Form geben und diese abgedeckt weitere 10 Minuten ruhen lassen. Währenddessen den Ofen auf 175 °C Ober-/Unterhitze vorheizen.

Den Gugelhupf 35 Minuten backen, 10 Minuten abkühlen lassen und anschließend aus der Form stürzen. ♥

Wenn es schnell gehen muss: Die Mohnfüllung kannst du unter dem Namen „Mohnback“ bereits fertig zubereitet kaufen.

KÜRBIS-GUGELHUPF

VEGAN

FÜR DIE MASSE

250 g	Kürbis
200 ml	Mandelmilch
300 g	Mehl
100 g	gemahlene Mandeln
3 TL	Backpulver
1 Prise	Salz
150 g	Zucker
2 TL	Zimt
100 ml	geschmacksneutrales Öl

AUSSERDEM

50 g	Puderzucker
1 EL	Mandelmilch
20 g	Kürbiskerne
	Margarine und Mehl für die Form

Schneide den Kürbis grob in Würfel und bedecke diese in einem Topf vollständig mit Wasser. Erhitze die Kürbiswürfel und lasse sie rund 10 Minuten köcheln, bis sie weich sind. Dann das Wasser abgießen und den Kürbis zusammen mit der Mandelmilch fein pürieren. Lasse die Mischung dann etwas abkühlen.

Währenddessen eine Gugelhupf-Form dünn, aber gründlich, mit Margarine einstreichen und anschließend mit Mehl bestäuben. Heize den Ofen auf 175 °C Ober-/Unterhitze vor.

Nun aus allen Zutaten, inklusive dem vorbereiteten Kürbis, eine glatte Masse herstellen. Fülle diese in die Gugelhupf-Form und backe sie 45 Minuten. Nach dem Herausnehmen 10 Minuten ruhen lassen, aus der Form stürzen und komplett abkühlen lassen.

Verrühre für die Dekoration den Puderzucker und die Mandelmilch zu einem Guss. Diesen mit einem Löffel oder Pinsel auf dem Gugelhupf verteilen und die Kürbiskerne darüberstreuen. ♥

Gugelhupf
FÜRST PÜCKLER ART

FÜR DIE MASSE

150 g	Erdbeeren
200 g	Butter
200 g	Zucker
4	Eier
450 g	Mehl
½ Pck.	Backpulver
200 g	Joghurt
1 EL	Kakao
1 EL	Milch
2 TL	Vanillepaste
	rosafarbene Lebensmittelfarbe

AUSSERDEM

150 g	Ruby-Kuvertüre
25 g	weiße Schokolade

Zu Beginn die Erdbeeren waschen, entstielen und pürieren. Lasse das Fruchtpüree in einem Topf etwa 15 Minuten köcheln, damit es eindickt. Währenddessen eine Silikonform kalt auswaschen und abtrocknen. Heize den Ofen auf 175 °C Ober-/Unterhitze vor.

Die Butter mit dem Zucker aufschlagen und die Eier nacheinander einrühren. Mische Mehl und Backpulver und gib es abwechselnd mit dem Joghurt zur Masse. Diese in drei Portionen aufteilen und verfeinern: Verrühre einen Teil mit 1 EL Kakao und 1 EL Milch. Zum zweiten Teil 2 TL Vanillepaste geben. Den dritten Teil mit dem vorbereiten Erdbeerpüree und etwas rosafarbener Lebensmittelfarbe vermengen. Gib die drei Massen nun in die Form und backe sie 45 Minuten. Den Kuchen anschließend erkalten lassen.

Ziehe die Silikonform vom kalten Kuchen ab und säubere sie gründlich für den Schokoladenüberzug. Dafür die Ruby-Kuvertüre über einem Wasserbad schmelzen, in die Form geben und den Gugelhupf kopfüber darauflegen. Nachdem die Kuvertüre ausgehärtet ist, ziehe die Silikonform erneut ab. Wenn du möchtest, kannst nun noch weiße Schokolade über einem Wasserbad erwärmen und den Gugelhupf damit verzieren. ♥

Die pinke Schokolade wird aus der Ruby-Kakaobohne hergestellt – ohne den Zusatz von Farbstoffen oder Aromen. Sie hat einen fruchtigen, leicht säuerlichen Geschmack.

BEERIGER HEFE-GUGELHUPF

mit weißer Schokolade

FÜR DEN TEIG

460 g	Mehl
1 Würfel	Hefe
100 g	Zucker
100 ml	Milch, lauwarm
1	Bio-Zitrone, Abrieb
80 g	Butter
1	Ei

FÜR DIE FÜLLUNG

100 g	weiße Schokolade
300 g	Beeren
20 g	Zucker

AUSSERDEM

50 g	weiße Kuvertüre
	Beeren
	Butter und Mehl für die Form

Für den Hefeteig Mehl in eine Schüssel geben und mit einem Löffel eine Mulde in die Mitte drücken. Brösele den Hefewürfel hinein. 2 EL von 100 g Zucker abnehmen, zur Hefe geben und die Mulde mit lauwarmer Milch auffüllen. Stell den Rest zur Seite. Nach etwa 5 Minuten sollten sich kleine Bläschen an der Oberfläche bilden. Wasche während der Wartezeit die Zitrone heiß ab. Die Schale abreiben und zusammen mit der Butter schmelzen. Gib anschließend die Zitronenbutter, das Ei sowie den restlichen Zucker und die Milch zum Mehl und der Hefe. Alle Zutaten gut verkneten. Gib dann den Teig in eine Schüssel, deck diese mit einem Geschirrtuch ab und stelle sie 1 Stunde an einen warmen Ort.

Eine Gugelhupf-Form mit Butter und Mehl vorbereiten. Heize den Ofen auf 175 °C Ober-/Unterhitze vor. Die weiße Schokolade in kleine Stücke hacken und zur Seite stellen. Erhitze die Hälfte der Beeren mit 20 g Zucker und lasse sie köcheln, bis sie beginnen zu zerfallen. Den Topf vom Herd nehmen und etwas abkühlen lassen.

Rolle nun den Teig, dessen Volumen sich inzwischen verdoppelt haben sollte, eventuell mit etwas Mehl rechteckig aus. Die aufgekochten Beeren auf dem Teig verstreichen. Lasse an der Seite, mit der die Rolle später abschließt, etwas Teig frei - also verteile darauf keine Füllung. Dann die restlichen Beeren und die weiße Schokolade auf die Beerenfüllung streuen. Rolle den Teig anschließend zu einer Schnecke auf und lege sie in die vorbereitete Form - der „Verschluss" der Rolle sollte dabei oben liegen damit die Beeren-Füllung nicht an die Gugelhupf-Form klebt. Nochmal 10 Minuten abgedeckt an einem warmen Ort ruhen lassen und danach 35 Minuten backen.

Nimm den Kuchen anschließend heraus, lasse ihn 10 Minuten abkühlen und stürze ihn dann aus der Form. Der Gugelhupf kann noch mit weißer Kuvertüre und frischen Beeren dekoriert werden. ♥

Ein warmer Ort?
Suche für deinen Hefeteig am besten ein sonniges Plätzchen oder stelle ihn in die Nähe einer Heizung. Oft erreichst du die optimale Temperatur auch, wenn du im Backofen einfach nur das Licht anmachst und die Schüssel hineinstellst.

JOHANNISBEER-GUGELHUPF

FÜR DIE MASSE

350 g	Johannisbeeren
250 g	Butter
250 g	Zucker
5	Eier
1 TL	Vanillepaste
500 g	Mehl
1 Pck.	Backpulver
1 Prise	Salz
250 g	Joghurt

AUSSERDEM

50 g	Puderzucker
	Johannisbeeren
	Butter und Mehl für die Form

Fette eine Gugelhupf-Form mit etwas Butter ein und bestäube sie anschließend mit Mehl. Den Ofen auf 175 °C Ober-/Unterhitze vorheizen. Entstiele die Johannisbeeren.

Die Butter und den Zucker in einer Rührschüssel zu einer cremigen Masse aufschlagen. Rühre die Eier nach und nach unter und füge die Vanillepaste hinzu. Mehl, Backpulver und Salz miteinander vermischen. Gib die Mischung abwechselnd mit dem Joghurt zur Masse und verrühre alles kurz miteinander. Nun die Johannisbeeren mit einem Teigschaber vorsichtig unterheben. Fülle die Masse in die Form und backe sie 50 Minuten. Nach dem Herausnehmen 10 Minuten in der Form abkühlen lassen und den Gugelhupf dann stürzen.

Zum Verzieren rühre den Puderzucker mit ein paar Spritzern Leitungswasser zu einem Zuckerguss an und fixiere damit frische Johannisbeeren auf dem Kuchen. ♥

DATTEL-KIRSCH-GUGELHUPF

VEGAN

FÜR DIE MASSE

1 Glas	Kirschen, Abtropfgewicht 370 g
200 ml	Abtropfsaft von den Kirschen
200 g	getrocknete Datteln, entsteint
40 g	Chia-Samen
200 g	Margarine
200 g	Zucker
250 g	Mehl
200 g	gemahlene Haselnüsse
½ Pck.	Backpulver
1 Prise	Salz

AUSSERDEM

100 g	Puderzucker
2 EL	Abtropfsaft von den Kirschen
	Margarine und Mehl für die Form

Den Backofen auf 175 °C Ober-/Unterhitze vorheizen und eine Gugelhupf-Form mit etwas Margarine und Mehl vorbereiten.

Gib die Kirschen zum Abtropfen in ein Sieb und fange den Saft auf. Rund 200 ml davon zusammen mit den Datteln in einen Topf geben, kurz aufkochen, vom Herd nehmen und 10 Minuten stehen lassen. Gib währenddessen die Chia-Samen zusammen mit 120 ml Wasser zum Quellen in eine Schüssel.

Die Margarine mit dem Zucker verrühren, bis sie cremig geworden ist. Vermische Mehl, gemahlene Haselnüsse, Backpulver und Salz und gib alles zur aufgeschlagenen Margarine. Anschließend die eingeweichten Datteln pürieren und zusammen mit den Chia-Samen hinzugeben. Hebe zuletzt die Kirschen mit einem Teigschaber unter und fülle die Masse in die vorbereitete Form. Den Gugelhupf 60 Minuten im Ofen backen, herausnehmen, 10 Minuten abkühlen lassen und aus der Form stürzen. Lasse den Kuchen dann auskühlen.

Für den Guss 100 g Puderzucker mit 2 EL des abgetropften Kirschsafts verrühren. Du kannst die Konsistenz beeinflussen, indem du mehr Puderzucker oder mehr Flüssigkeit hinzugibst. Den Guss dann mit einem Kännchen oder einem Löffel auf dem Gugelhupf verteilen und trocknen lassen. ♥

Achtung:
Nicht jede pflanzliche Margarine ist vegan. Manche enthalten zum Beispiel Molke, Omega-3 aus Fischöl oder Vitamin D mit tierischem Ursprung. Achte also am besten auf die Inhaltsstoffe oder ein entsprechendes Siegel.

SCHWARZWÄLDER-KIRSCH-GUGELHUPF

FÜR DIE MASSE

5	Eier
150 g	Zucker
100 ml	Mineralwasser
120 g	Mehl
80 g	Speisestärke
30 g	Kakao
1 TL	Backpulver
1 Prise	Salz

FÜR DIE FÜLLUNG

100 ml	Kirschsaft
10 g	Speisestärke
10 g	Zucker
150 g	entsteinte Kirschen

FÜR DIE CREME

300 g	Schlagsahne
1 Pck.	Sahnefestiger
1 Pck.	Vanillezucker

AUSSERDEM

5 EL	Kirschsaft
	Kirschen
	Butter und Kakao für die Form

Streiche die Gugelhupf-Form mit Butter ein und bestäube sie mit Kakao. Den Backofen auf 190 °C Ober-/Unterhitze vorheizen.

Trenne die Eier und schlage die Eigelbe zusammen mit dem Zucker auf, bis die Masse cremig ist. Das Mineralwasser zur Eigelb-Zucker-Mischung hinzufügen. Vermenge das Mehl mit Speisestärke, Kakao, Backpulver und Salz und gib es anschließend zu den restlichen Zutaten. Kurz zu einer einheitlichen Masse verrühren. Schlage die Eiweiße in einer separaten Schüssel steif und hebe sie mit einem Teigschaber unter. Die Masse in die vorbereitete Form füllen und 30 Minuten backen. Nimm den Kuchen anschließend aus dem Ofen, stich ihn mehrmals mit einem Holzspieß ein und träufele 5 EL Kirschsaft darüber. Nach 10 Minuten Wartezeit stürzen. Danach den Gugelhupf auskühlen lassen.

Schneide den Gugelhupf zum Füllen zweimal horizontal durch. Aus dem unteren Boden mit einem Teelöffel etwas Kuchenteig kratzen und für die Deko zur Seite stellen.

Gib für die Kirschfüllung 2 EL Kirschsaft in eine kleine Schüssel und verrühre ihn mit der Speisestärke sowie dem Zucker. Den restlichen Saft aufkochen. Sobald die Flüssigkeit köchelt, gib die angemischte Stärke dazu und erhitze sie unter Rühren. Die Mischung wird nun dickflüssiger. Sobald sie die gewünschte Konsistenz erreicht hat, den Topf vom Herd nehmen und die Kirschen hinzufügen. Verteile das Gelee auf dem ausgehöhlten Kuchenboden und lasse alles etwas abkühlen.

Nun die Sahne zusammen mit dem Sahnefestiger und dem Vanillezucker aufschlagen. Setze die Kuchenböden zusammen und verteile dazwischen die Schlagsahne. Etwas Sahne kommt ganz oben auf den Gugelhupf. Den Kuchen nun mit Kirschen und dem vorhin zerbröselten Kuchenteig dekorieren. Stelle den Gugelhupf vor dem Anschnitt mindestens zwei Stunden in den Kühlschrank, damit die Sahne stabiler wird. ♥

Wenn du für die Füllung Kirschen im Glas verwendest, fange den Abtropfsaft auf und verwende ihn zum Tränken des Gugelhupfs sowie zur Zubereitung der Füllung. Wenn du den Kuchen noch verfeinern möchtest, ersetze etwas Kirschsaft durch Kirschwasser.

Gugelhupf mit BLAUBEEREN

VEGAN

FÜR DIE MASSE

400 g	Mehl
100 g	Speisestärke
1 Pck.	Backpulver
200 g	Zucker
1 Pck.	Vanillezucker
100 ml	geschmacks-neutrales Öl
100 ml	Mineralwasser
250 ml	Mandelmilch
250 g	Blaubeeren

AUSSERDEM

250 g	Blaubeeren
1	Zitrone, Saft
3 EL	Zucker
3 TL	Speisestärke
	Margarine und Mehl für die Form

Bereite die Gugelhupf-Form sorgfältig mit Margarine und Mehl vor. Den Ofen auf 175 °C Ober-/Unterhitze vorheizen.

Gib alle Zutaten für die Masse – außer die Blaubeeren – in eine Schüssel und rühre sie glatt. Die Masse in die Gugelhupf-Form füllen, darauf die Blaubeeren verteilen und mit einem Löffel ein wenig in die Masse drücken. Backe den Kuchen 45 Minuten und nimm ihn aus dem Ofen. Nach 10 Minuten aus der Form stürzen und dann vollständig abkühlen lassen.

Gib zum Verzieren des Gugelhupfs 150 g der restlichen Blaubeeren in einen Topf und stelle die anderen 100 g zur Seite. Den Topf erhitzen und die Blaubeeren einkochen, dabei hin und wieder umrühren. Nach einiger Zeit zerfallen die Früchte. Drücke 1 Zitrone aus und rühre den Saft mit 3 EL Zucker und 3 TL Speisestärke an. Die Mischung unter ständigem Rühren in den Topf geben und weiter erwärmen, bis sie eine puddingartige Konsistenz hat. Verteile sie dann mit einem Teelöffel auf dem Gugelhupf und verziere ihn mit den restlichen frischen Blaubeeren. ♥

MANGO-MARACUJA-GUGELHUPF

und Desserts im Glas

Die Zutaten ergeben einen Gugelhupf sowie vier Desserts im Glas.

FÜR DIE MASSE

5	Eier
220 g	Zucker
1 TL	Vanillepaste
200 ml	geschmacksneutrales Öl
200 g	Joghurt
400 g	Mehl
1 Pck.	Backpulver
1 Prise	Salz

FÜR DIE FÜLLUNG

200 g	Schlagsahne
1 Pck.	Sahnefestiger
2 Blatt	Gelatine
500 g	Mascarpone
2 EL	Honig
1	Mango
4	Maracujas

AUSSERDEM

1	Mango
4	Maracujas
	Physalis
	Butter und Mehl für die Form

Eine Gugelhupf-Form dünn, aber gründlich, mit Butter einfetten und anschließend mit Mehl bestäuben. Heize den Ofen auf 175 °C Ober-/Unterhitze vor.

Die Eier zusammen mit dem Zucker schaumig schlagen. Gib die Vanillepaste hinzu und rühre Öl sowie Joghurt unter. Mehl, Backpulver und Salz vermischen und kurz unter die Masse rühren, bis sich alle Zutaten miteinander verbinden. Fülle die Masse anschließend in die Form und backe sie 50 Minuten. Aus dem Ofen nehmen, nach 10 Minuten stürzen und vollständig abkühlen lassen.

Schneide den Gugelhupf horizontal – am besten relativ weit oben – in zwei Teile und höhle die untere Hälfte mit einem Teelöffel aus. Die dabei entstehenden Kuchenkrümel für die Glas-Desserts zur Seite stellen.

Schlage die Sahne zusammen mit dem Sahnefestiger auf, bis sie fest ist. Zur Seite stellen. Die Gelatine-Blätter in eine Schüssel mit kaltem Wasser geben und 5 Minuten einweichen. Verrühre derweil die Mascarpone und den Honig. Dann die Gelatine-Blätter leicht ausdrücken und in einem Topf erwärmen. Nachdem sie geschmolzen sind, gib 3 EL von der Mascarpone-Creme in den Topf und verrühre sie mit der Gelatine. Diese Mischung dann mit der restlichen Mascarpone-Creme und verquirlen. Während die Creme zu gelieren beginnt, schäle die Mango und schneide sie in kleine Würfel. Die Maracujas halbieren und aushöhlen. Hebe das Obst und die aufgeschlagene Sahne mit einem Teigschaber unter die Mascarpone-Creme und verteile sie im ausgehöhlten Kuchen. Stelle etwas Creme für die Glas-Desserts zur Seite. Den oberen Gugelhupf-Teil auflegen und etwas Creme darauf verteilen.

Gib die ausgehöhlten Kuchenkrümel und die restliche Creme schichtweise in die Gläser. Gugelhupf und Glas-Desserts mit Mango, Maracujas und Physalis dekorieren. ♥

Lasst uns zusammen sein

Gugelhupf à la
BIRNE HELENE

FÜR DIE MASSE

2	Birnen
100 g	Zartbitter-schokolade
250 g	Butter
200 g	Zucker
5	Eier
400 g	Mehl
1 Pck.	Backpulver
30 g	Kakao
250 ml	Buttermilch

AUSSERDEM

1	Birne
2 EL	Zitronensaft
1 TL	Vanillepaste
1 TL	Speisestärke
	Butter und Kakao für die Form

Eine Gugelhupf-Form dünn, aber gründlich, mit Butter einfetten und anschließend mit Kakao bestäuben. Heize den Ofen auf 175 °C Ober-/Unterhitze vor. 2 Birnen schälen, vierteln, das Kernhaus entfernen und anschließend in kleine Würfel schneiden. Schmelze die Zartbitterschokolade über einem Wasserbad und lasse sie etwas abkühlen.

Für die Masse die Butter und den Zucker aufschlagen. Rühre die 5 Eier einzeln unter, dann gib die geschmolzene Schokolade hinzu. Als Nächstes Mehl, Backpulver und Kakao miteinander vermischen und abwechselnd mit der Buttermilch zur Masse geben. Hebe die vorbereiteten Birnenwürfel mit einem Teigschaber unter, fülle die Masse in die Form und backe den Gugelhupf anschließend 45 Minuten. Nach dem Herausnehmen 10 Minuten warten und danach stürzen.

Schäle zum Dekorieren des Gugelhupfs eine weitere Birne, viertele sie, entferne das Kernhaus und schneide sie anschließend in kleine Würfel. Zusammen mit dem Zitronensaft und der Vanillepaste in einem Topf köcheln lassen. Rühre die Speisestärke mit 1 EL Wasser an und gib sie in den Topf, damit die Flüssigkeit etwas eindickt. Die Birnenwürfel anschließend mit einem Löffel auf dem Gugelhupf verteilen. ♥

Köstlich!

SCHOKO-KOKOS-GUGELHUPF

FÜR DIE MASSE

1 Dose	Kokosmilch, cremig
250 g	Butter
200 g	Zucker
5	Eier
400 g	Mehl
1 Pck.	Backpulver
1 Prise	Salz
30 g	Kakao

FÜR DIE FÜLLUNG

100 g	Butter
50 g	Mehl
50 g	Zucker
100 g	Kokosflocken

AUSSERDEM

50 g	Puderzucker
50 g	Kokoschips
	Butter und Mehl oder Kakao für die Form

Die Kokosmilch am Vortag in den Kühlschrank stellen.

Bestreiche eine Form dünn, aber gründlich, mit Butter und bestäube sie dann mit Mehl. Den Ofen auf 175 °C Ober-/Unterhitze vorheizen. Bei der Kokosmilch hat sich ein fester Teil abgesetzt – hole diesen mit einem Löffel aus der Dose und stelle die Flüssigkeit für später zur Seite.

Butter und Zucker cremig aufschlagen. Gib nacheinander die Eier dazu und rühre sie jeweils gut ein. Dann das abgeschöpfte Kokosfett hinzufügen und abschließend Mehl, Backpulver, Salz und Kakao mischen und mit den restlichen Zutaten eine glatte Masse herstellen. Fülle etwa die Hälfte davon in die Gugelhupf-Form.

Für die Füllung Butter, Mehl, Zucker und Kokosflocken mit den Händen verkneten, bis sich die Zutaten verbinden. Forme daraus 4 bis 5 Rollen und lege sie in die Form, damit ein Kokos-Kern entsteht. Darüber die restliche Schokoladenmasse verteilen. Backe den Kuchen 45 Minuten, nimm ihn aus dem Ofen und warte 10 Minuten, bevor du ihn stürzt. Danach vollständig abkühlen lassen.

Rühre für den Guss etwa 2 bis 3 EL des zuvor beiseite gestellten Kokoswassers mit 50 g Puderzucker an. Mit einem Löffel auf dem Gugelhupf verteilen und diesen mit Kokoschips verzieren.

KARAMELL-GUGELHUPF

mit Popcorn

FÜR DIE MASSE

250 g	Butter
150 g	Zucker
4	Eier
400 g	Mehl
½ Pck.	Backpulver
200 g	Schokostreusel

FÜR DAS POPCORN

60 g	Zucker
1 TL	geschmacksneutrales Öl
20 g	Popcorn-Mais

AUSSERDEM

1 Dose	gezuckerte Kondensmilch (400 g)
50 g	Zartbitterkuvertüre
	Butter und Mehl für die Form

Am Vortag das Karamell zubereiten: Die Kondensmilch-Dose in einem Topf vollständig mit Wasser bedecken und drei Stunden köcheln lassen. Gegebenenfalls Wasser nachfüllen. Reduziere die Hitze so, dass kleine Bläschen an der Dose aufsteigen. Vor dem Öffnen vollständig abkühlen lassen, da die Dose unter Druck steht und sonst platzen kann. Jetzt sollte sich die gezuckerte Kondensmilch in bräunliches, zähes Karamell verwandelt haben. 100 g für die Dekoration zur Seite stellen.

Nun eine Gugelhupf-Form dünn, aber gründlich, mit Butter einstreichen und mit Mehl bestäuben. Den Ofen auf 175 °C Ober-/Unterhitze vorheizen.

Für die Masse die Butter mit dem Zucker aufschlagen. Die 4 Eier einzeln einrühren, dann den Rest Karamell hinzufügen. Das Mehl mit Backpulver und Schokostreuseln mischen und kurz unterrühren. Die Masse in die Form füllen und 60 Minuten backen. Hinterher 10 Minuten abkühlen lassen und den Gugelhupf stürzen.

Wenn der Kuchen abgekühlt ist, das übrige Karamell über einem Wasserbad erwärmen und auf dem Gugelhupf verteilen.

Für das Popcorn zuerst einen Sirup zubereiten: Zucker und 30 ml Wasser in einem Topf bei mittlerer bis hoher Hitze ohne Umrühren aufkochen, bis ein dickflüssiger Sirup entstanden ist. Etwas abkühlen lassen.

Währenddessen Öl in einen hohen Topf geben und 3 Maiskörner hinzugeben. Den Topf mit Deckel erhitzen, bis die Körner poppen. Vom Herd nehmen und den restlichen Mais sowie den Sirup hineingeben. Eine halbe Minute warten, den Topf wieder auf den Herd stellen und hin und her bewegen, damit nichts anbrennt. Wenn alle Körner gepoppt sind, den Topf vom Herd nehmen. Das Popcorn dunkelt in dieser Zeit noch etwas nach. Verteile es auf dem Kuchen, wenn es etwas abgekühlt ist. Abschließend etwas Kuvertüre schmelzen und den Gugelhupf damit dekorieren. ♥

COOKIES-AND-CREAM-

Gugelhupf

FÜR DIE COOKIES

160 g	Butter
100 g	Puderzucker
240 g	Mehl
1 Prise	Salz
1 TL	Vanillepaste
100 g	backfeste Schokodrops

FÜR DIE MASSE

3	Eier
200 g	Puderzucker
1 TL	Vanillepaste
300 g	Schlagsahne
380 g	Mehl
1 Pck.	Backpulver
20 g	Kakao

FÜR DIE CREME

100 g	Schlagsahne
1 Pck.	Sahnefestiger
100 g	Frischkäse (Doppelrahmstufe)
40 g	Puderzucker

AUSSERDEM

Butter und Kakao für die Form

Zuerst den Keksteig vorbereiten. Schlage dafür Butter und Puderzucker auf, gib dann Mehl, Salz und Vanillepaste dazu. Zum Schluss die Schokodrops unterrühren und den Teig mit den Händen zu einer Kugel formen. Gib diese in Frischhaltefolie gewickelt für etwa 1 Stunde in den Kühlschrank.

Eine Gugelhupf-Form dünn, aber gründlich, mit Butter einfetten und anschließend mit Kakao bestäuben. Heize den Ofen auf 175 °C Ober-/ Unterhitze vor.

Für die Masse die Eier mit Puderzucker, Vanillepaste und Schlagsahne schaumig rühren. Vermenge das Mehl mit dem Backpulver und Kakao, gib es hinzu und verrühre alles kurz zu einer glatten Masse.

Etwa ein Drittel der Masse in die Form streichen. Nimm den Keksteig aus dem Kühlschrank und forme ihn mit den Händen zu kleinen Kugeln. Ein paar Kugeln auf die Masse legen und das zweite Drittel Masse darauf geben. Lege nun noch einmal einige Keks-Kugeln darauf und fülle die restliche Masse in die Form. Den Kuchen 50 Minuten backen. Nimm den Kuchen nach der Backzeit heraus, lasse ihn 10 Minuten abkühlen und stürze den Gugelhupf aus der Form.

Den übrigen Keksteig ebenfalls zu Kugeln formen und diese mit etwas Abstand zueinander auf ein mit Backpapier belegtes Backblech geben. Backe die Kekse 10 Minuten im Ofen, drücke sie dann mit einem Löffel flach und backe sie noch einmal 5 Minuten.

Nachdem der Gugelhupf vollständig abgekühlt ist, kann die Creme zubereitet werden. Dafür die Schlagsahne mit dem Sahnefestiger aufschlagen. Verrühre in einer weiteren Schüssel den Frischkäse mit dem Puderzucker. Anschließend die Sahne mit einem Teigschaber unterheben. Fülle die Creme in einen Spritzbeutel und verziere den Gugelhupf damit. Zum Schluss ein paar Kekse zerbröseln und über die Creme streuen. ♥

TRICOLORE-GUGELHUPF

FÜR DIE MASSE

60 g	weiße Schokolade
60 g	Vollmilchschokolade
60 g	Zartbitter-schokolade
250 g	Butter
250 g	Zucker
5	Eier
1 TL	Vanillepaste
300 g	Mehl
½ Pck.	Backpulver
100 g	gemahlene Mandeln
1 EL	Kakao

AUSSERDEM

100 g	Zartbitterkuvertüre
	Schokostreusel

Eine Silikonform mit kaltem Wasser ausspülen und abtrocknen. Den Ofen auf 175 °C Ober-/Unterhitze vorheizen.

Lasse jeweils 60 g weiße Schokolade, Vollmilchschokolade und Zartbitterschokolade über einem Wasserbad schmelzen und danach etwas abkühlen. Währenddessen die Butter mit dem Zucker aufschlagen. Rühre nacheinander die Eier ein und gib die Vanillepaste dazu. Mehl, Backpulver und gemahlene Mandeln miteinander vermischen und kurz unter die anderen Zutaten rühren. Teile die Masse nun in drei gleich große Portionen auf. Unter das erste Drittel die geschmolzene weiße Schokolade mischen, unter das zweite die Vollmilchschokolade. Füge der dritten Portion zusätzlich zur Zartbitterschokolade noch 1 EL Kakao hinzu.

Die drei verschiedenen Massen nun in die Form füllen und den Kuchen 50 Minuten backen. Bevor die Silikonform abgezogen wird, muss der Kuchen vollständig abgekühlt sein.

Zum Dekorieren Kuvertüre über einem Wasserbad schmelzen und den Gugelhupf damit bestreichen. Verteile abschließend Schokostreusel auf dem Kuchen. ♥

Am besten kannst du die 3 verschiedenen Massen in der Form verteilen, indem du die Portionen jeweils in einen Spritzbeutel mit einer großen runden Öffnung füllst und die Masse damit in der Form aufträgst.

Köstlich

Schokoladiger
ZUCCHINI-GUGELHUPF

FÜR DIE MASSE

400 g	Zucchini
100 ml	geschmacks-neutrales Öl
200 ml	Buttermilch
3	Eier
400 g	Mehl
1 Pck.	Backpulver
250 g	Zucker
30 g	Kakao
1 Prise	Salz

AUSSERDEM

200 g	Schlagsahne
1 Pck.	Vanillezucker
1 EL	Kakao
	Butter und Kakao für die Form

Zuerst die Form mit etwas Butter einstreichen und dünn, aber gründlich, mit Kakao bestäuben. Heize den Ofen auf 175 °C Ober-/Unterhitze vor. Dann die Zucchini mit einer Reibe grob raspeln.

Verrühre in einer Schüssel das Öl mit der Buttermilch und den Eiern. In einer weiteren Schüssel Mehl, Backpulver, Zucker, Kakao und Salz vermischen und dann zu den flüssigen Zutaten geben. Rühre zum Schluss die Zucchini unter. Die Masse in die vorbereitete Gugelhupf-Form füllen und 55 Minuten im vorgeheizten Ofen backen. Nimm den Kuchen aus dem Ofen und stürze ihn nach 10 Minuten aus der Form. Vollständig abkühlen lassen.

Schlage vor dem Servieren Schlagsahne mit einem Päckchen Vanillezucker steif und verteile sie auf dem Kuchen. Als Dekoration noch 1 EL Kakao darüber sieben. ♥

Schlagsahne kannst du übrigens auch im aufgeschlagenen Zustand einfrieren. Gib sie entweder in einem Gefrierbeutel oder in Form aufgespritzter Tupfer ins Gefrierfach. Bei Zimmertemperatur tauen sie schnell wieder auf.

ESPRESSO-GUGELHUPF

FÜR DIE MASSE

200 ml	Espresso
5	Eier
250 g	geschmacksneutrales Öl
250 g	brauner Zucker
250 g	Mehl
200 g	gemahlene Mandeln
30 g	Kakao
½ Pck.	Backpulver
1 TL	Vanillepaste
150 g	Joghurt

AUSSERDEM

50 g	Zartbitterschokolade
10 g	Butter
	gehackte Schokolade, Schokostreusel oder Kakaonibs
	Butter und Kakao für die Form

Bereite zuerst den Espresso zu und lasse ihn etwas abkühlen. Währenddessen eine Gugelhupf-Form sorgfältig mit Butter einstreichen und mit Kakao ausstäuben. Heize den Backofen auf 175 °C Ober-/Unterhitze vor.

Für die Masse Eier, Öl, braunen Zucker, Mehl, gemahlene Mandeln, Kakao, Backpulver, Vanillepaste, Joghurt und Espresso in eine Schüssel geben und alle Zutaten miteinander verrühren, bis eine glatte Masse entstanden ist. Fülle sie in die Form und backe sie 50 Minuten. Nach dem Herausnehmen 10 Minuten warten und den Gugelhupf dann stürzen.

Verziere den ausgekühlten Gugelhupf mit einer Schokoglasur. Dafür Zartbitterschokolade zusammen mit etwas Butter über einem Wasserbad schmelzen. Verstreiche die Glasur auf dem Kuchen und verteile zum Schluss gehackte Schokolade, Schokostreusel oder Kakaonibs darauf. ♥

SCHOKO-GUGELHUPF

mit Kekse-Käsekuchen-Füllung

FÜR DIE FÜLLUNG

- 150 g Schwarz-Weiß-Doppelkekse
- 200 g Frischkäse (Doppelrahmstufe)
- 40 g Zucker
- 1 Ei
- 15 g Speisestärke

FÜR DIE MASSE

- 150 g Zartbitterschokolade
- 150 g Butter
- 200 g Zucker
- 4 Eier
- 300 g Mehl
- 1 TL Backpulver
- 1 Prise Salz
- 1 Pck. Vanillezucker
- 4 EL Kakao
- 150 ml Buttermilch

AUSSERDEM

- 100 g Zartbitterkuvertüre
- Schwarz-Weiß-Doppelkekse
- gehackte Schokolade
- Butter und Kakao für die Form

Zunächst mit etwas Butter die Form einfetten, anschließend mit Kakao bestäuben. Heize den Ofen auf 175 °C Ober-/Unterhitze vor.

Zur Vorbereitung der Käsekuchen-Füllung Kekse in eine Schüssel geben und mit einer Gabel oder einem Löffel zerkleinern. Verquirle in einer weiteren Schüssel Frischkäse, Zucker, Ei und Speisestärke. Beides vorerst zur Seite stellen.

Für die Masse schmelze die Zartbitterschokolade über einem Wasserbad. Währenddessen die Butter mit dem Zucker aufschlagen, bis die Masse hell und cremig geworden ist. Rühre nun nacheinander die Eier unter. Das Mehl mit Backpulver, Salz, Vanillezucker und Kakao vermischen und abwechselnd mit der Buttermilch zur Masse geben. Rühre zum Schluss die geschmolzene Schokolade kurz ein.

Etwa zwei Drittel der Masse in die Gugelhupf-Form geben. Streiche mit der Rückseite eines Löffels einmal rundherum eine Mulde hinein. Die zerkleinerten Schwarz-Weiß-Doppelkekse kurz unter die Käsekuchen-Füllung heben und diese in der Mulde verteilen. Streiche darauf die restliche Schokoladenmasse glatt. Den Kuchen rund 60 Minuten backen, anschließend aus dem Ofen nehmen und nach einer Wartezeit von 10 Minuten aus der Form stürzen. Dann komplett auskühlen lassen.

Verziere den Kuchen zum Schluss mit Zartbitterkuvertüre sowie Schwarz-Weiß-Doppelkeksen und gehackter Schokolade. ♥

Verwende statt der Zartbitterkuvertüre eine weiße Schokoglasur, um einen schönen Kontrast zu erzeugen!

TRAUBE-NUSS-GUGELHUPF

FÜR DIE MASSE

200 g	Rosinen
50 ml	Rum
200 g	ganze, geschälte Haselnüsse
5	Eier
220 g	Zucker
200 g	saure Sahne
350 g	Mehl
1 TL	Natron
1 Prise	Salz
40 g	Kakao
150 ml	geschmacks-neutrales Öl

AUSSERDEM

30 g	ganze Haselnüsse mit Schale
100 g	Zartbitterkuvertüre
	Butter und Kakao für die Form

Zu Beginn die Rosinen mit dem Rum in ein Schälchen geben und mindestens eine halbe Stunde ziehen lassen. Bestreiche in dieser Zeit die Gugelhupf-Form mit etwas Butter und bestäube sie dünn, aber gründlich, mit Kakao. Den Ofen auf 175 °C Ober-/Unterhitze vorheizen. Hacke die Haselnüsse für die Masse grob mit einem Messer.

Die Eier zusammen mit dem Zucker aufschlagen und – sobald die Masse cremig ist – die saure Sahne dazugeben. Mische in einer Schüssel Mehl, Natron, Salz und Kakao. Abwechselnd mit dem Öl zur Masse geben. Hebe nun die gehackten Nüsse sowie die Rosinen mit einem Teigschaber unter, fülle die Masse in die vorbereitete Form und backe sie 45 Minuten. Anschließend aus dem Ofen nehmen, 10 Minuten abkühlen lassen und aus der Form stürzen.

Gib die Haselnüsse für das Garnieren des Gugelhupfs auf ein mit Backpapier belegtes Backblech und schiebe sie rund 10 Minuten in den auf 175 °C Ober-/Unterhitze vorgeheizten Backofen, bis sie dunkel sind und ein Röstaroma verströmen. Die Nüsse anschließend etwas abkühlen lassen und dann die Schale entfernen. Reibe sie dafür portionsweise zwischen den Handinnenflächen – eventuell ein sauberes Geschirrtuch zur Hilfe nehmen, wenn die Haselnüsse noch zu heiß sind. Dann grob hacken.

Schmelze die Kuvertüre über einem Wasserbad, gib sie auf den Kuchen und verteile die gerösteten Nüsse darauf. ♥

Wusstest du, dass Sultaninen und Rosinen sich in der verwendeten Traubensorte und in der Trocknungsmethode unterscheiden?

SALTED-PEANUTBUTTER-GUGELHUPF

VEGAN

FÜR DIE MASSE

50 g	Erdnüsse (geröstet und gesalzen)
400 g	Mehl
250 g	Zucker
½ Pck.	Backpulver
1 Pck.	Vanillezucker
1 Prise	Salz
100 ml	geschmacks-neutrales Öl
200 ml	Mineralwasser
120 g	Erdnussmus
140 ml	Mandelmilch
30 g	Kakao

FÜR DEN GUSS

100 g	Erdnussmus
50 g	Puderzucker
3 EL	Mandelmilch

AUSSERDEM

Salzbrezeln
grobes Salz
geröstete und gesalzene Erdnüsse
gehackte vegane Schokolade
Margarine und Mehl für die Form

Zuerst eine Gugelhupf-Form mit etwas Margarine bestreichen und mit Mehl bestäuben. Heize den Ofen auf 175 °C Ober-/Unterhitze vor. Dann 50 g Erdnüsse grob hacken und zur Seite stellen.

Gib für die Masse Mehl, Zucker, Backpulver, Vanillezucker, Salz, Öl, Mineralwasser, Erdnussmus und 100 ml der Mandelmilch in eine Schüssel und verrühre alles zu einer Masse. Diese in zwei gleich große Hälften teilen. Gib zur einen Hälfte Kakao und die restliche Mandelmilch, unter die andere Hälfte hebe die gehackten Erdnüsse. Beide Massen nun abwechselnd mit einem Löffel in die Gugelhupf-Form geben. Wenn alles verteilt ist, fahre mit einer Gabel spiralförmig durch die Masse, um den Kuchen zu marmorieren. Den Kuchen nun 50 Minuten im Ofen backen, 10 Minuten abkühlen lassen und aus der Form stürzen.

Nachdem der Gugelhupf vollständig abgekühlt ist, schlage das Erdnussmus (bei Zimmertemperatur) mit dem Puderzucker und 3 EL Mandelmilch auf. Die Konsistenz bei Bedarf über die Zugabe von mehr Mandelmilch beeinflussen. Den Guss dann mit einem Löffel auf dem Kuchen verteilen und ihn mit Salzbrezeln, grobem Salz, Erdnüssen und eventuell gehackter veganer Schokolade verzieren. ♥

Du hast es vielleicht schon bemerkt: Ich verwende anstelle von Erdnussbutter lieber Erdnussmus – denn das besteht aus puren Erdnüssen und kommt ohne Palmfett und andere Zusatzstoffe aus.

MOZARTKUGEL-GUGELHUPF

FÜR DIE MASSE

- 150 g Marzipan
- 5 Eier
- 100 g Pistazien
- 200 g Butter
- 200 g Puderzucker
- 250 g Mehl
- 100 g Speisestärke
- 1 TL Backpulver
- 1 Prise Salz
- 150 ml Milch
- 1 EL Kakao

FÜR DIE CREME

- 50 g Nougat (schnittfest)
- 70 g Butter
- 50 g Puderzucker

AUSSERDEM

- 25 g Zartbitterkuvertüre
- gehackte Pistazien
- Mozartkugeln
- Butter und Mehl für die Form

Das Marzipan in kleine Stücke schneiden oder zupfen und zusammen mit einem der 5 Eier mehrere Minuten lang verrühren, bis eine einheitliche Masse ohne Klümpchen entsteht. Für später zur Seite stellen. Zerkleinere die Pistazien mit einem Küchenmixer und stelle sie ebenfalls zur Seite. Die Gugelhupf-Form dünn, aber gründlich, mit Butter bestreichen und mit Mehl bestäuben sowie den Ofen auf 175 °C Ober-/Unterhitze vorheizen.

Schlage nun die Butter mit dem Puderzucker zu einer cremigen Masse auf. Die restlichen 4 Eier nach und nach unterrühren. Vermische Mehl, Speisestärke, Backpulver und Salz und gib die Mischung abwechselnd mit der Milch zur Masse. Diese anschließend in 3 gleich große Portionen teilen. Verrühre eine davon kurz mit dem aufgeschlagenen Marzipan. Unter die zweite mit einem Teigschaber die fein gehackten Pistazien heben und die dritte mit dem Kakao verfeinern.

Verteile die 3 Teigportionen nun in der Gugelhupf-Form und backe den Kuchen 50 Minuten. Nach der Backzeit aus dem Ofen nehmen, 10 Minuten später aus der Form stürzen und vollständig abkühlen lassen.

Erwärme für die Creme das Nougat in einem Topf bei niedriger Hitze, bis es weich ist. Die Butter aufschlagen, bis sie eine cremige Konsistenz hat, dann das Nougat dazugeben. Rühre zum Schluss noch den Puderzucker ein und fülle die Creme in einen Spritzbeutel. Auf dem Gugelhupf verteilen und mit geschmolzener Kuvertüre, gehackten Pistazien und (geviertelten) Mozartkugeln verzieren. ♥

HEFE-GUGELHUPF

mit Pistazien

FÜR DEN TEIG

400 g	Mehl
1 Würfel	Hefe
80 g	Zucker
150 ml	Milch, lauwarm
75 g	Butter
1	Ei

FÜR DIE FÜLLUNG

100 g	Pistazien
200 g	Magerquark
1 Pck.	Vanillepudding-pulver
1 Pck.	Vanillezucker
80 g	Zucker
1	Ei

AUSSERDEM

Puderzucker zum Bestäuben
Butter und Mehl für die Form

Für das Hefegebäck einen Vorteig ansetzen. Gib dafür das Mehl in eine Schüssel und drücke mit einem Löffel in der Mitte eine kleine Mulde hinein. In diese Vertiefung die frische Hefe bröseln und von den 80 g Zucker 2 EL hinzugeben. Fülle nun mit lauwarmer Milch auf, bis die Mulde voll ist - stelle die restliche Milch sowie den restlichen Zucker zur Seite. Die Mischung für 10 Minuten gehen lassen.

Nach der Wartezeit sollte die Hefe bereits aufgegangen sein. Lasse die Butter in einem Topf schmelzen, nimm diesen vom Herd und rühre den Rest der Milch, den übrigen Zucker und 1 Ei ein. Diese Mischung anschließend zum Vorteig geben und alle Zutaten verkneten. Füge zum Schluss etwas Mehl hinzu, falls der Teig noch zu klebrig ist. Jetzt sollte er für mindestens 1 Stunde in einer zugedeckten Schüssel an einem warmen Ort, beispielsweise in der Nähe einer Heizung, ruhen.

Bestreiche als nächstes eine Gugelhupf-Form mit Butter und bestäube sie anschließend mit Mehl. Die Pistazien für die Füllung mit einem Küchenmixer zerkleinern. Verrühre sie mit Magerquark, Puddingpulver, Vanillezucker, Zucker und Ei.

Den Hefeteig nun mit einem Nudelholz rund einen halben Zentimeter dick rechteckig ausrollen und ihn mit der zubereiteten Füllung bestreichen. Rolle ihn in Schneckenform auf und lege ihn in die vorbereitete Gugelhupf-Form. Dann nochmal 10 Minuten zugedeckt an einem warmen Ort gehen lassen - derweil den Ofen auf 175 °C Ober-/Unterhitze vorheizen. Backe den Kuchen dann 45 Minuten, lasse ihn 10 Minuten abkühlen und stürze ihn aus der Form. Vor dem Servieren kannst du ihn noch mit etwas Puderzucker bestäuben. ♥

Persischer LIEBESKUCHEN

FÜR DIE MASSE

- 250 g Butter
- 200 g Puderzucker
- 5 Eier
- 1 TL Vanillepaste
- 150 g Mascarpone
- 1 EL Rosenwasser
- 300 g Mehl
- 200 g gemahlene Mandeln
- ½ Pck. Backpulver
- 1 Prise Salz
- 6 Kardamom-Kapseln
- 1 Bio-Orange, Saft und Abrieb

FÜR DIE TRÄNKE

- 2 EL Rosenwasser
- 25 g Puderzucker

FÜR DIE CREME

- 100 g Mascarpone
- 25 g Puderzucker

AUSSERDEM

gehackte Pistazien
Mandelstifte
Safranfäden
Butter und Mehl für die Form

Heize den Backofen auf 175 °C Ober-/Unterhitze vor, bestreiche die Form mit Butter und bestäube sie mit Mehl.

Die Butter mit dem Puderzucker hell und cremig aufschlagen. Füge nach und nach die 5 Eier hinzu. Vanillepaste, Mascarpone und Rosenwasser unterrühren. Mische in einer anderen Schüssel Mehl, gemahlene Mandeln, Backpulver und Salz. Die Kardamom-Kapseln der Länge nach aufschneiden und die Samen mit einem spitzen Messer herausholen. Mahle sie mit einem Mörser fein und gib sie anschließend zur Mehl-Mischung. Nun die Orange heiß abwaschen, die Schale mit einer Küchenreibe fein raspeln und die Frucht dann auspressen. Die Schale kommt in die Schüssel mit den trockenen Zutaten, der Saft (bis auf etwa 1 EL, der später für die Creme verwendet wird) zur angerührten Masse. Verrühre dann dic trockenen Zutaten kurz mit der Masse, fülle sie in die vorbereitete Form und backe den Kuchen 50 Minuten.

Den noch heißen Kuchen nach der Backzeit mit einer Gabel oder einem Holzstäbchen mehrmals einstechen und mit einer Mischung aus Rosenwasser, 3 EL Wasser und Puderzucker tränken. Nach 10 Minuten kannst du den Gugelhupf aus der Form stürzen. Auskühlen lassen.

Für die Creme die Mascarpone mit dem Puderzucker und dem beiseite gestellten Orangensaft verrühren und mit einem Löffel auf dem Gugelhupf verteilen. Dekoriere ihn nun noch mit gehackten Pistazien, Mandelstiften und Safranfäden – es können auch frische oder getrocknete Rosen sowie Granatapfelkerne verwendet werden. ♥

Das beste Aroma entsteht, wenn die Kardamom-Kapseln frisch verarbeitet werden. Wenn du keinen Mörser hast, kannst du die Kapseln in diesem Rezept aber auch durch 1 TL Kardamom-Pulver ersetzen.

BRATAPFEL-GUGELHUPF

FÜR DIE MASSE

2	Äpfel
100 g	Marzipan
250 g	Butter
250 g	Puderzucker
4	Eier
1 Fl.	Rum-Aroma (entspricht 2 ml)
300 g	Mehl
1 TL	Backpulver
1 TL	Zimt
1 TL	gemahlene Nelken
200 ml	Buttermilch
100 g	Rosinen
100 g	gehackte Mandeln

AUSSERDEM

30 g	Mandelblättchen
30 g	Puderzucker
	Butter und Mehl für die Form

Zuerst eine Gugelhupf-Form dünn, aber gründlich, mit Butter bepinseln und mit Mehl ausstäuben. Heize den Ofen auf 175 °C Ober-/Unterhitze vor.

Die Äpfel schälen, vierteln, das Kernhaus entfernen und in kleine Würfel schneiden. Schneide oder reiße das Marzipan in kleine Stücke. Beides zur Seite stellen.

Schlage die Butter mit dem Puderzucker auf und rühre nach und nach die 4 Eier ein. Auch das zerkleinerte Marzipan dazugeben und gut verrühren. Füge nun das Rum-Aroma hinzu. Das Mehl mit dem Backpulver, dem Zimt und den gemahlenen Nelken mischen und abwechselnd mit der Buttermilch zur Masse geben. Hebe nun die Rosinen, die gehackten Mandeln und die Apfelwürfel mit einem Teigschaber unter und fülle die Masse in die Gugelhupf-Form. Den Kuchen 50 Minuten backen, 10 Minuten in der Form abkühlen lassen und anschließend stürzen.

Röste die Mandelblättchen in einer beschichteten Pfanne kurz an. Für den Guss den Puderzucker mit etwa 2 TL Wasser anrühren – die Konsistenz wird über die Wassermenge gesteuert. Verteile die Glasur auf dem abgekühlten Kuchen und verziere ihn mit den Mandelblättchen. ♥

Verwende am besten säuerliche Apfelsorten wie Boskop, Elstar oder Gloster.

SPICES
SPICES

MILCHREIS-GUGELHUPF

mit Mandarinen

FÜR DEN MILCHREIS

400 ml	Milch
40 g	Zucker
2 TL	Zimt
1 Prise	Salz
100 g	Milchreis

FÜR DIE MASSE

250 g	Mandarinen aus der Dose (Abtropfgewicht)
120 g	Butter
120 g	Zucker
2	Eier
300 g	Mehl
2 TL	Backpulver
1 Prise	Salz
100 ml	Milch

AUSSERDEM

30 g	Puderzucker
2 TL	Milch
	Clementinen
	Granatapfelkerne
	Physalis
	Baiser-Tropfen
	Butter und Mehl für die Form

Zuerst den Milchreis zubereiten. Koche dafür Milch, Zucker, Zimt, Salz und Milchreis in einem Topf auf. Dann die Temperatur reduzieren und den Milchreis circa 30 Minuten köcheln lassen. Rühre währenddessen immer mal wieder um, damit nichts am Topfboden anbrennt. Anschließend in eine Schüssel umfüllen und mit etwas Frischhaltefolie abdecken. Vollständig abkühlen lassen.

Streiche nun eine Gugelhupf-Form dünn mit Butter ein und bestäube sie gründlich mit Mehl. Den Ofen auf 175 °C Ober-/Unterhitze vorheizen. Gib die Mandarinen in ein Sieb und lasse sie abtropfen.

Die Butter mit dem Zucker aufschlagen. Verquirle den abgekühlten Milchreis mit 2 Eiern und gib ihn zur Butter. Mehl, Backpulver und Salz in einer Schüssel vermischen und abwechselnd mit der Milch zur Masse geben. Hebe zum Schluss die Mandarinen mit einem Teigschaber unter. Die Masse in die Form geben. Dann 55 Minuten backen. Warte nach dem Herausnehmen 10 Minuten und stürze den Gugelhupf anschließend aus der Form.

Wenn der Kuchen vollständig abgekühlt ist, aus Puderzucker und Milch einen Zuckerguss anrühren. Verteile den Guss auf dem Gugelhupf und dekoriere ihn mit Clementinen, Granatapfelkernen, Physalis, Baiser-Tropfen oder Ähnlichem. ♥

Mandarinen und Clementinen sehen sich auf den ersten Blick ähnlich – unterscheiden sich aber unter anderem in Inhaltsstoffen, Geschmack und Schale. Zudem haben die großen Mandarinen in der Regel mehr Kerne als die kleinen Clementinen.

ORANGEN-GUGELHUPF

mit Rosmarin

FÜR DIE MASSE

3	Orangen, Saft
5 Zweige	Rosmarin
200 g	Butter
200 g	Zucker
2	Eier
500 g	Mehl
1 Prise	Salz
½ Pck.	Backpulver
200 g	Joghurt
100 g	getrocknete Cranberrys

AUSSERDEM

Puderzucker zum Bestäuben
Butter und Mehl für die Form

Die 3 Orangen auspressen – sie sollten etwa 300 ml Orangensaft ergeben. Stelle 5 EL Saft für die Tränke zur Seite. Die Rosmarin-Nadeln von den Zweigen streifen und mit einem Messer hacken. Übrigbleiben sollten etwa fünf Gramm.

Streiche eine Gugelhupf-Form mit etwas Butter ein und bestäube sie dünn, aber gründlich, mit Mehl. Den Ofen auf 175 °C Ober-/Unterhitze vorheizen.

Schlage die Butter mit dem Zucker zu einer cremigen Masse auf und rühre dann die 2 Eier unter. Mehl, Salz, Backpulver und gehackten Rosmarin in einer Schüssel vermengen und abwechselnd mit dem Joghurt sowie dem ausgepressten Orangensaft zur Masse geben. Verrühre alle Zutaten kurz, bis sie sich gut miteinander verbinden. Anschließend mit einem Teigschaber die getrockneten Cranberrys unterheben.

Fülle die Masse in die vorbereitete Form und backe sie 50 Minuten. Aus dem Ofen nehmen und mit einer Gabel oder einem Holzspieß Löcher in den Kuchen stechen. Verteile den zur Seite gestellten Orangensaft darauf. Nach 10 Minuten kannst du den Gugelhupf stürzen. Den Kuchen vollständig abkühlen lassen. Er kann vor dem Servieren mit etwas Puderzucker verziert werden. ♥

Kleinigkeit
für Dich

LEBKUCHEN-GUGELHUPF

FÜR DIE MASSE

100 g	Orangeat
100 g	Zitronat
200 g	gemahlene Haselnüsse
5	Eier
200 g	brauner Zucker
2 EL	Honig
300 g	Mehl
1 Prise	Salz
½ Pck.	Backpulver
2 EL	Kakao
1 Pck.	Lebkuchengewürz
200 ml	geschmacksneutrales Öl

AUSSERDEM

50 g	Zartbitterkuvertüre
	Butter und Kakao für die Form

Zu Beginn die Gugelhupf-Form mit etwas Butter bestreichen und dünn, aber gründlich, mit Kakao bestäuben. Heize den Ofen auf 175 °C Ober-/Unterhitze vor.

Das Orangeat zusammen mit etwa 100 g gemahlenen Haselnüssen in einen Küchenmixer geben und zerkleinern. Die Nüsse verhindern dabei, dass die Masse zusammenklebt. Verfahre anschließend mit dem Zitronat und der zweiten Hälfte Haselnüsse ebenso.

Die Eier mit dem braunen Zucker und dem Honig ein paar Minuten aufschlagen. Gib dann das vorbereitete Orangeat und Zitronat dazu.
In einer Schüssel Mehl, Salz, Backpulver, Kakao und Lebkuchengewürz vermengen. Gib die Mischung abwechselnd mit dem Öl zur Masse und verrühre alles kurz miteinander. Die Masse in die Gugelhupf-Form füllen und 50 Minuten im Ofen backen. Lasse den Kuchen nach dem Herausnehmen 10 Minuten ruhen. Dann kannst du den Gugelhupf aus der Form stürzen.

Den vollständig erkalteten Gugelhupf mit geschmolzener Kuvertüre bestreichen. ♥

Bei Orangeat und Zitronat läuft dir ein kalter Schauer über den Rücken? Kein Problem! Durch das Zerkleinern beißt du beim fertigen Kuchen nicht auf klebrige Stückchen.

ZIMTSTERN-GUGELHUPF

FÜR DIE FÜLLUNG

3	Eier
100 g	gemahlene Haselnüsse
100 g	gemahlene Mandeln
3 TL	Zimt
3 EL	Zucker
3 EL	Milch

FÜR DIE MASSE

250 g	Butter
200 g	Zucker
3	Eier
1 TL	Vanillepaste
400 g	Mehl
1 Prise	Salz
½ Pck.	Backpulver
200 g	Joghurt

AUSSERDEM

Puderzucker zum Bestäuben
Butter und Mehl für die Form

Bestreiche eine Gugelhupf-Form dünn, aber gründlich, mit Butter und bestäube sie mit Mehl. Den Ofen auf 175 °C Ober-/Unterhitze vorheizen.

Trenne die Eier und bereite zuerst die Füllung zu. Dafür die Eiweiße mit den gemahlenen Haselnüssen und Mandeln sowie Zimt, Zucker und Milch verrühren. Zur Seite stellen.

Schlage für die Masse die Butter zusammen mit dem Zucker zu einer Creme. Die von der Füllung übrigen Eigelbe sowie nacheinander 3 weitere Eier unterrühren. Vanillepaste hinzugeben. Mische das Mehl mit Salz und Backpulver und gib es abwechselnd mit dem Joghurt zur Masse.

Etwa ein Drittel der Masse in der Form verteilen und die Hälfte der Zimtfüllung darauf verstreichen. Gib darüber das zweite Drittel der Masse, verstreiche die restliche Zimtfüllung darauf. Abschließend die restliche Masse in die Form füllen und den Kuchen 50 Minuten im Ofen backen. Lasse den Kuchen nach dem Herausnehmen 10 Minuten ruhen und stürze ihn dann.

Zum Verzieren entweder Puderzucker darüber sieben, einen Puderzucker-Guss anrühren oder ein paar Zimtsterne backen. ♥

ZUBEREITUNG DER ZIMTSTERNE (OPTIONAL)

Die Zutaten (siehe rechte Seite) für die Masse verkneten und mit etwas Mehl dünn ausrollen, Sterne ausstechen und auf ein Backblech legen.

Schlage für den Guss das Eiweiß mit dem Salz auf und rühre dann den Puderzucker ein. Eventuell etwas Wasser zugeben. Pinsele den Guss auf die Sterne und backe sie 12–15 Minuten bei 100 °C Umluft. Herausnehmen, abkühlen lassen, fertig. ♥

Zimtsterne
(optional)

FÜR DIE MASSE

2 Eiweiß, 1 Prise Salz, 170 g Puderzucker, 2 TL Zimt, 130 g gemahlene Mandeln, 170 g gemahlene Haselnüsse

FÜR DEN GUSS

1 Eiweiß, 1 Prise Salz, 150 g Puderzucker

STICHWORTVERZEICHNIS

Über die Autorin

Anja Schneider steht schon seit ihrer frühen Jugend gerne in der Küche und backt. Sie liebt es, ihrer Familie und ihren Freunden mit ihren außergewöhnlichen Kreationen eine Freude zu machen, und ist der festen Überzeugung, dass ein frisch gebackener Kuchen jedem ein Lächeln ins Gesicht zaubern kann. Neben dem Entwickeln neuer spannender Rezepte und der Dekoration ihrer Kuchen lebt sie ihre kreative Ader auch auf ihrem Blog und auf Instagram unter @anjasbackbuch aus, wo sie ihre Follower mit ihren besonderen Leckereien verzaubert.

FSC www.fsc.org
MIX
Papier aus verantwortungsvollen Quellen
FSC® C002795

Penguin Random House Verlagsgruppe
FSC® N001967

TOPP – Unsere Servicegarantie

WIR SIND FÜR SIE DA! Bei Fragen zu unserem umfangreichen Programm oder Anregungen freuen wir uns über Ihren Anruf oder Ihre Post. Loben Sie uns, aber scheuen Sie sich auch nicht, Ihre Kritik mitzuteilen – sie hilft uns, ständig besser zu werden.

Bei Fragen zu einzelnen Materialien oder Techniken wenden Sie sich bitte an unseren Kreativservice, Frau Erika Noll.

mail@kreativ-service.info
Telefon 0711/12375720

Das Produktmanagement erreichen Sie unter:
pm@frechverlag.de
oder:
frechverlag
Produktmanagement
Dieselstraße 5
70839 Gerlingen
Telefon 0711/8308668

LERNEN SIE UNS BESSER KENNEN! Fragen Sie Ihren Hobbyfach- oder Buchhändler nach unserem kostenlosen Magazin **Meine kreative Welt.** Darin entdecken Sie zweimal im Jahr die neuesten Kreativtrends und interessantesten Buchneuheiten.

Oder besuchen Sie uns im Internet! Unter **www.topp-kreativ.de** können Sie sich über unser umfangreiches Buchprogramm informieren, unsere Autoren kennenlernen sowie aktuelle Highlights und neue Kreativtechniken entdecken, kurz – die ganze Welt der Kreativität.

Kreativ immer up to date sind Sie mit unserem monatlichen Newsletter mit den aktuellsten News aus dem frechverlag, Gratis-Bastelanleitungen und attraktiven Gewinnspielen.

Impressum

Fotos: frechverlag GmbH, 70839 Gerlingen; Anja Schneider
Produktmanagement: Tanja Kasten, Melissa Portz
Lektorat: Nele Thiemann
Covergestaltung: Eva Hook
Herstellung: Sophia Höpfner
Satz: Arnold & Domnick, Leipzig
Druck und Bindung: Livonia Print SIA, Lettland

1. Auflage 2022

ISBN 978-3-7724-4641-2 • Best.-Nr. 4641